W0058835

GEORG A. WETH
SALVADOR DALÍS
KATALANISCHE KÜCHENTRÄUME

Limitierte Vorzugsausgabe mit der
Erstveröffentlichung von Salvador Dalís
Tuschezeichnung »Oca con Peras« (Gans mit Birnen),
die er 1969 für Louis Duran schuf.

MARY HAHN VERLAG

INHALT

Man kann das Essen unterlassen – aber schlecht essen kann man nicht   6

INHALT

»Der Brotkorb« (1926)
Dalí Museum St. Petersburg/Florida

MAN KANN DAS ESSEN UNTERLASSEN – ABER SCHLECHT ESSEN KANN MAN NICHT

»Man kann Dalí ablehnen – aber ignorieren kann man ihn nicht« könnte man in Abänderung seines berühmten in der Überschrift zitierten Satzes sagen, denn jeder kennt wenigstens eines seiner Werke, zumindest das Bild »Die Beständigkeit der Erinnerung«, die berühmten »weichen Uhren«. Wir kennen Dalí als den »verrücktesten« Maler des 20. Jahrhunderts, dessen Kunst auf der »paranoisch-kritischen Methode« basierte, ein von Dalí erfundener Slogan, dessen Auslegung ihm anfänglich selbst schwer fiel:

»Einige baten mich wirklich, sie über die paranoisch-kritische Methode aufzuklären … Aber ich gestehe, daß ich damals selbst nicht genau wußte, woraus diese berühmte, von mir erfundene paranoisch-kritische Methode bestand. Sie ›überstieg mein Fassungsvermögen‹, und wie alle wichtigen Dinge, die ich ›begangen‹ habe, begann ich erst ein paar Jahre, nachdem ich ihre Grundlage gelegt hatte, zu begreifen.« [1]

Dalí eroberte mit dieser Methode das Irrationale, das Unterbewußtsein und die Träume. Mit Hilfe des Surrealismus gelang es ihm, die Wieder- und Weitergabe seines geistig Erlebten in »kritischer« Beobachtung darzustellen.
Wir kennen Dalí aber nicht – oder kaum – in seinen Eßgewohnheiten, die zur Charakterisierung eines Menschen genau so wichtig sind wie beispielsweise die graphologische

Deutung seiner Handschrift. Salvador Dalí war kein Gourmet. Er aß mit Verstand, der ihn zum Genießer machte.
Er mystifizierte den Vorgang des Essens, als würde er den lebendigen Gott aufnehmen, ähnlich der Hostie im Abendmahl:

»Die Anchovis, die ich kaue, haben in irgendeiner Weise Teil am Feuer, das mich erleuchtet. In mir wohnt ein Genie. Das zwingt mich, diese Wonnen sorgsam zu pflegen, und so unterwerfe ich mich dem Zwang, so gehorche ich freudig dieser ›Heiligen Inquisition‹ … Alles fängt beim Mund an und sucht sich dann über die Nerven einen Weg zum Körper.« [1]

Als Elfjähriger machte er damit seine ersten bewußten Erfahrungen:

»Sonnenuntergang – Zeit, zum Küchengarten hinauszulaufen! … Ich biß in alles – Zuckerrüben, Pfirsiche, Zwiebeln, zart wie ein Neumond. Ich fürchtete so sehr satt zu werden oder meine Versuchungen könnten durch meine ausschreitend-üppige Gefräßigkeit zu schnell an Schärfe verlieren, daß ich die gewünschte Frucht nur einmal mit einem unschuldigen Knirschen der Zähne anbiß und, nachdem ich ihr exakt den Geschmack des Verlangens entlockt hatte, das Objekt meiner Verführung wegwarf, um desto schneller die übrigen dieser Früchte des Augenblicks zu prüfen, deren Geschmack für meinen Gaumen so

261 Buste de femme rétrospectif, 1933
porcelaine peinte
hauteur : 49
M. Nellens, Knokke-le-Zoute

»Retrospektive
Frauenbüste mi
Stangenbrot« (1933)
Privatsammlung

ephemer wie das flüchtige Flackern der Leuchtkäfer war, das in den tiefsten Schatten der wachsenden Dunkelheit zwischen den Pflanzen schon aufzuscheinen begann. Manchmal nahm ich eine Frucht und begnügte mich damit, sie mit meinen Lippen zu berühren oder sanft an meine glühende Wange zu drücken.« [1]

Laut seiner Autobiographie wollte der Künstler bereits mit sechs Jahren Köchin werden, vielleicht auch deshalb, weil ihm der Zugang zu dem Teil des Hauses, wo die Speisen entstanden, verwehrt war:

»Als ich sechs war, war es für mich Sünde, Speisen jeder Art in der Küche zu essen. In diesen Teil des Hauses zu gehen, war eines der wenigen Dinge, die meine Eltern mir kategorisch verboten hatten. Stundenlang stand ich mit wäßrigem Mund herum, bis ich die Gelegenheit erblickte, in den Ort des Entzückens vorzuschleichen; und während die Mädchen zusahen und vor Vergnügen schrien, schnappte ich mir ein Stück rohes Fleisch oder einen gegrillten Champignon, woran ich fast erstickte, was aber für mich den berauschenden Geschmack des Wunderbaren hatte, das nur Furcht und Schuld zu gewähren vermögen ... Dies geschah in der quälenden Stunde vor der halluzinogenen Sommermittagshitze. Hinter der halboffenen Küchentür hörte ich das Getrippel dieser tierischen Frauen mit den roten Händen; ich erhaschte flüchtige Blicke von ihren schweren Hinterteilen und wilden Haarmähnen; und aus der Hitze und dem Durcheinander, das der Mischung schwitzender Frauen, versprengten Weintrauben, siedendem Öl, abgezogenen Hasenachselhöhlenfells,

mayonnaisebespritzter Scheren, von Nieren und dem Trillern von Kanarienvögeln entstieg, – aus dieser ganzen Mischung wehte mir der unwägbare und vorzeichenhafte Duft des bevorstehenden Mittagessens entgegen ...« [1]

Salvador Dalí war bei weitem nicht der Mann, der sich seine Eingebungen durch die Soupés in den vornehmen Restaurants von Madrid, Paris, London oder New York holte. Dazu war er zu sehr Katalane, verwurzelt in seiner Heimat Ampurdán, einem Landstrich im nordöstlichen Zipfel der Provinz Kataloniens, wo man den Menschen nachsagt, daß sie eine verrückte Konservativität pflegen, daß die Tramontana (ein starker Wind, der von den Pyrenäen kommt und oft wochenlang anhalten kann) die Paranoia fördert, die Dalí mit der von ihm gewählten Wortschöpfung »paranoisch-kritische Methode« in seinen Bildern zur Aussage brachte und zu bändigen wußte. Figueres, Cadaqués, Portlligat waren die mystischen Orte, deren Magie er brauchte:

»Ich bin ein katalanischer Bauer, der auf die Seele seines Landes abgestimmt ist. Nie ist es vorgekommen, daß ich nach einem Aufenthalt von einem Monat nicht die tellurische Kraft wiedergefunden hätte, die es mir ermöglichte, allen Stürmen und allen Versuchungen standzuhalten wie ein Fels. ... Ich kümmere mich um meinen Acker und um mein Boot – das heißt um das Bild, das ich gerade male – wie ein tüchtiger Arbeiter und freue mich an einfachen Dingen: ich esse geröstete Sardinen, ich gehe mit Gala am Strand spazieren, wenn es Abend wird, und sehe zu, wie sich die gotischen Felsen in der Dunkelheit in Schreckgespenster verwandeln.« [4]

Die einfache katalanische Küche, die der Maler bevorzugte, kann so paradox sein wie es das Leben von Dalí war. Hummer mit Schokoladensauce, Kaninchen mit Schnekken, Schweinefüße mit Zuckerkaramel, lebende Seeigel. Eine extreme Süße wechselt mit Salzigem oder vermischt sich in eine kaum definierbare Geschmacksrichtung, deren Eigenart Gaumenfreuden bescheren, die aus dem Alltäglichen führen.

Die katalanische Küche hält an der Tradition fest. Die Rezepte stammen teilweise schon aus dem 14. Jahrhundert. Hier entstand die früheste und umfassendste gastronomische Literatur Europas. Erinnert sei nur an die Rezeptsammlungen »Libre de Sent Sovi«, Bücher über Wein und gute Manieren, »Com usar bé de beure a menjar« von Francese Eiximenis, Bücher über Ernährung wie die von Arnau de Vilanova, über Patisserie, »Libre de totes maneres de confits« und nicht zuletzt Bücher zu Aphrodisiaka, »Speculum al foder«. All das wird schließlich von dem zweifellos berühmtesten Kochbuch, dem »Libre de coc« von Robert de Nola aus dem 15. Jahrhundert gekrönt. Natürlich ist die katalanische Küche ein Konglomerat der Speisen vieler Völkergruppen – Karthager, Römer, Mauren, Franken, Westgoten, Griechen – die das Land eroberten. Aber gerade dadurch wurde sie interessant, so wie man stets versucht, sie dem Geschmack der Zeit anzupassen, ohne die Speisen zu verfälschen. Besondere Verdienste erwarb sich hier in den letzten Jahren Ferran Adrià, der an der Cala Montjoi, unweit von Dalís Haus in Portlligat, ein Restaurant leitet. Mit seiner »Neuen katalanischen Küche« machte er sich in ganz Spanien einen Namen.

Bleiben wir aber bei Dalí: Wenn er im »Ampurdán« war, dann fühlte er sich als »Mensch« und konnte meistens das Spiel vergessen, das man von ihm erwartete und das er des öfteren auch gerne spielte.

Als der britische Kunstkritiker Edwin Mullins Dalí in den 60er Jahren in Portlligat besuchte, mimte Dalí zunächst den Clown. Nach dem offiziellen Interview gingen sie zu einem Grill- Picknick an die Felsküste.

»Dabei wurden Dutzende von Kaninchen serviert, man trank reichlich Wein, und zahllose hübsche Mädchen und Jünglinge erfreuten die Gäste mit ihrem Anblick. Dalí war vollkommen locker und gab sich wie ein ganz normaler Sterblicher.« [3]

Dalí konnte sich, während er an einem Bild arbeitete, auch nur mit Brot und Wasser zufrieden geben. Brot hatte für ihn einen philosophischen, ja mystischen Charakter. Wie oft er es in seinen Werken verwendete, ist kaum aufzuzählen. Zum ersten Mal brachte er 1926 in altmeisterlicher Manier einen Brotkorb auf die Leinwand. Brot findet außerdem Verwendung und Aussage in seinen Bildern »Madonna von Portlligat«, »Nukleares Kreuz« und in der Skulptur »Retrospektive Frauenbüste«. Er fertigte aus Brotteig sogar eßbare Möbel, die in den 60er Jahren in der Suite 110 des Hotels »Meurice« in Paris ausgestellt waren. Das Teatre Museu in Figueres zeigte 1993 eine Ausstellung, in der die meisten von Dalís Brotwerken zu sehen waren. In der Pariser Gesellschaft wollte er einen geheimen und revolutionären Brotorden gründen. Man sollte ein 15 Meter langes Brot in einem speziell dafür gebauten Ofen backen, das dann an bekannten öffentlichen Stellen der Stadt gezeigt werden sollte. »Die Volksverdummung«, so meinte Dalí, »würde die ganze Welt erobern wie ein totales Delirium.« Salvador Dalí hörte es gerne, wenn man seine Kunst als »eßbar« bezeichnete, denn man sollte sie gebrauchen wie »das tägliche Brot« (da es in der katalanischen Küche zu den Hauptgerichten kaum Beilagen gibt, hat das Brot ohnehin eine andere mehrfache Bedeutung und Auslegung). Seine Wortschöpfungen zur Versinnbildlichung seiner Werke bemächtigten sich häufig des Eßvokabulars: »Blut ist süßer als Honig« – »Von diesem Licht essen wir nicht« – »Ich esse Gala«. Er beschreibt ein Bild mit der »Qualität von Gänseleber«. Die Surrealisten sind bei Dalí »wie eine köstliche Speise«, dekadent, stimulierend, extravagant und ambivalent. »Wir sind Kaviar – die feine, berauschende und dialektische Traube des Kaviars«. Er bedient sich der gastronomischen Terminologie um verständlich bleiben zu können. Dalís Siegesallee ist der Mund, mit dem er Vergänglichkeit und Geburt in einer lebenslangen Orgie zelebriert. Dalís Wahrheit sind die Augen, mit denen er die Metamorphose zur Realität stilisiert. Dalís Verführung ist die Nase, mit der er den Duft der ewigen Flüchtigkeit zur flüchtigen Ewigkeit verwandelt. Diese mystische Dreieinigkeit stellt für Dalí die sakrale Messe des Essens dar, und erlaubt ihm die intuitive Entfaltung des Genußes, der nicht mehr an eine gourmenistische Auslegung gebunden ist. Aus diesem Grund lehnte Dalí auch die »künstlerische Malerei« ab.

»Mir jedenfalls sagt die sogenannte künstlerische Malerei nichts, und sie berührt ja auch die frischen und unverstellten Leute nicht, die von der Kunst nicht verseuchten Leute. Einzig den intelligenten und gebildeten Menschen gelingt es, sie zu verstehen, die, auf Grund ihrer Tiefe und Erfahrung, die sinnliche Freigebigkeit, das saftige Material, die perlenden Lyrismen, die unendlichen Feinheiten zu erfassen

vermocht haben, die diese Produktion in den Rang eines auf so verworrene Weise komplexen und schwerverständlichen Reichtums erheben.
Meine eigenen Sachen sind im Gegensatz dazu anti-künstlerisch und direkt; sie berühren die Leute und sind unmittelbar verständlich, ohne die geringste technische Vorbereitung (es ist gerade die technische Vorbereitung, die ihr Verständnis verhindert). Es bedarf nicht, wie bei der anderen Malerei, vorausgehender Erklärungen, früherer Ideen, vorgefaßter Meinungen. Es genügt, wenn man sie mit unverbildeten Augen anschaut.« [2]

Mit einem unverbildeten Geschmack genoß Dalí seine katalanische Küche. »Man kann das Essen unterlassen, – aber schlecht essen kann man nicht«.

Ich begab mich auf Spurensuche, um den »unverfälschten Dalí« in seinen Eßgewohnheiten zu finden, und wäre fast an den Menschen gescheitert, die Angst hatten, das einstmals nach ihren Vorstellungen entworfene Dalíbild könnte ins Wanken geraten. Von einigen, die mir halfen den Dalíclan zu durchbrechen, soll nachfolgend die Rede sein. Sie stellen Dalís katalanische Küchenträume vor, die so realistisch sind wie der Maler selbst mit seiner »paranoisch-kritischen Methode«.

Georg A.Weth

»Lebendes Stilleben« (1956), Dalí Museum St. Petersburg/ Florida

SÜSS-SAURES FÜR

Kein Lokal, sei es in Barcelona oder Madrid, in New York oder Paris hat er öfter besucht, kein Restaurant überschüttete Dalí mit mehr Lobeshymnen als das »Duran« in Figueres. Fast wurde es zu seinem zweiten Zuhause. Hierhin führte er seine Gäste, hielt Hof, feierte offizielle Anlässe. Angehörige der Franco-Familie empfing er im »Duran« ebenso wie die Mitglieder des spanischen Königshauses.

Hier führte er Gespräche mit den wichtigsten Galeriebesitzern, besiegelte die Verkäufe seiner Werke. Die ersten Verhandlungen zur Gründung des »Teatre museu« in Figueres fanden mit dem damaligen Bürgermeister Ramón Guardiola Rovira im »Duran« statt, ebenso das Festessen zur Eröffnung des Museums am 28. September 1974. Das Gästebuch ist voll von derartigen Begegnungen. Wie kam es dazu, daß Dalí dem Haus »Duran« diese Sympathie entgegenbrachte? Schon kurz nachdem das Restaurant von der Familie Duran über-

nommen wurde, besuchten es seine Eltern und nahmen den heranwachsenden Salvador mit. Dem eigensinnigen Jungen fiel damals schon auf, daß man ihn hier »ganz normal« behandelte und diese »Normalität« setzte sich in den

12

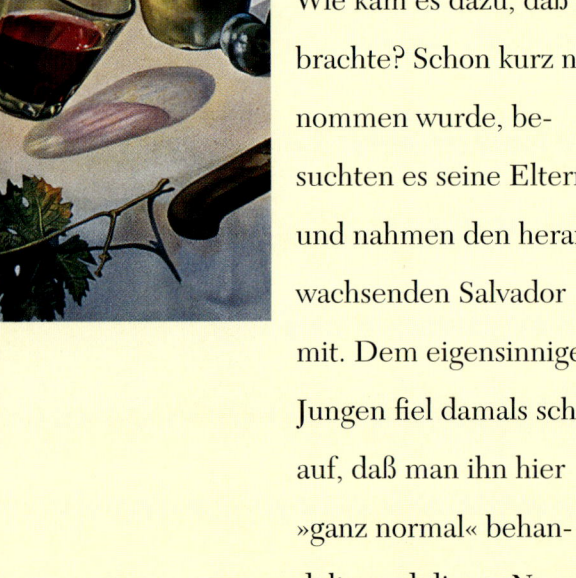

Links unten v.l.n.r.
Antonio Pitxot
Amanda Lear
Salvador Dalí im
»Duran«

Rechts oben v.l.n.r.
Duran sen., Gala
Salvador Dalí

Rechts unten v.l.n.r.
Duran jun. mit
Georg A. Weth im
»Celler de ca la
tetra«

SALVADOR

späteren Jahren – nachdem er ein berühmter Maler geworden war – fort. Bei den Durans wurde er nicht nur als Künstler sondern vor allem Dingen als Mensch geachtet.

Hinzu kam noch, daß er im »Duran« der katalanischen Küche frönen durfte, in der stets frische Produkte Verwendung fanden. Kein Essenswunsch blieb unerfüllt.

Als ich 1998 im »Duran« (carrer lasauca 5, Figueres), das gleichzeitig auch ein Hotel ist, wohnte, hatte ich viele interessante Gespräche mit Louis Duran jun., dem jetzigen Besitzer des Hauses. Der sympathische, bescheiden wirkende Gastronom erlernte seinen Beruf von

13

der Pike auf, bevor er von seinem Vater für würdig erachtet wurde, das geschichtsträchtige Unternehmen (1827 servierte man zum ersten Mal Speisen und Getränke) weiter zu führen. Erbaut wurde das Haus bereits 1820. 1910

v.l.n.r.: Dalí in Begleitung der Marquise de Villalerde Tocher Francos (rechts) im »Duran«

machte man daraus eine Postkutschenstation mit einem Lokal. Von den alten Gemäuern existiert noch der »celler de ca la tetra«, ein rustikales Gewölbe, das Salvador Dalí zu seinem Lieblingsplatz erklärte. Der Keller blieb bis heute unverändert. Er ist zu einer Art Dalí-Kultstätte geworden, der nur für besondere Anlässe geöffnet wird.

MENÜ À LA SALVADOR DALÍ

LUFTGETROCKNETER SCHINKEN
BROTSUPPE AUS FIGUERES
GANS MIT BIRNEN
SÜSSE SCHWEINEBRATWURST
Nachgekocht von Thomas Röttger, »Hotel-Restaurant Röttger«, Rennerrod

Im Mittelpunkt des ersten Menüs steht eine mit Birnen zubereitete Gans, Dalís absolutes Leib- und Magengericht. Von dem Rezept war er so begeistert, daß er für Louis Duran sen. 1969 sogar eine Federzeichnung dieser »himmlischen Speise« anfertigte, die mit diesem Werk als Faksimile zum ersten Mal veröffentlicht wird. Eröffnet wird die Speisenfolge mit luftgetrocknetem Schinken aus der Sierra de Huelva. Dieser Schinken wird nicht geräuchert, sondern in grobkörniges Meersalz eingelegt und langsam in Bergluft getrocknet, was oft Jahre dauern kann. Das Fleisch hierfür liefern die Keulen der iberischen schwarzen Schweine, die im Freien unter Steineichen gehalten werden und sich von Gras, Eicheln sowie Wurzelknollen ernähren. Der Schinken kommt aus Jabugo, einem kleinen Ort in der Sierra de Huelva im Norden der Provinz Huelva.

Dann folgt eine Brotsuppe. Das war sozusagen die Haussuppe von Dalís Elternhaus, ein Überbleibsel aus schweren Zeiten, in denen man für altbackenes Brot eine sinnvolle Weiterverwendung suchte.

Zur »Gans mit Birnen« wurde meist ein »Cresta rosa« (moussierender Roséwein) vom Castello Perelada getrunken. Den krönenden Abschluß bildet die »Botifarra dulce del Ampurdán«, eine süße Schweinebratwurst aus dem Ampurdán, die zusammen mit karamelisiertem Honig auf einem Stückchen gerösteten Brot oder mit Schokoladensauce serviert wird.

LUFTGETROCKNETER SCHINKEN

»Jabugo«

200 G SERRANO-SCHINKEN AM STÜCK

Den Schinken so lange liegen lassen, bis
er Raumtemperatur hat, denn nur dann
entwickelt er sein volles Aroma. Kurz vor
dem Servieren in hauchdünne Scheiben
schneiden. Ohne Besteck servieren.
Man ißt ihn mit der Hand.

16

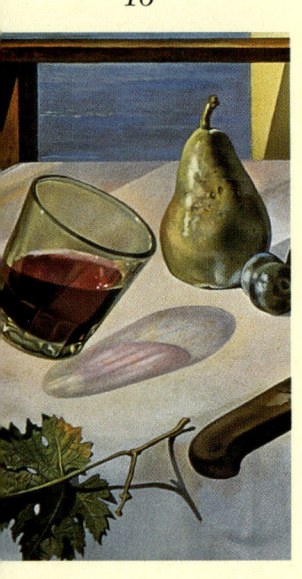

BROTSUPPE AUS FIGUERES

»Sopa de pan«

2–3 KNOBLAUCHZEHEN

2 EL OLIVENÖL

150 G TROCKENES BROT

1–2 TL FEINGEHACKTER THYMIAN

2 EIER

SALZ

Die Knoblauchzehen schälen. Das Olivenöl
in einem Topf erhitzen und die Knoblauchzehen darin anbraten. Das trockene
Brot in feine Würfel schneiden. Die
Knoblauchzehen herausnehmen, die
Brotwürfel in den Topf geben und etwas
anbraten. 1 Liter Wasser zugießen. Mit
dem Thymian würzen und die Suppe kochen lassen, bis sich das Brot aufgelöst hat.

Die Eier zusammen mit 1 Eßlöffel Wasser
verquirlen, in die heiße Suppe gießen und
kräftig unterrühren. Den Knoblauch wieder in den Topf geben. Die Suppe mit Salz
abschmecken und heiß servieren.

GANS MIT BIRNEN

»Oca con peras«

Für die Gans:

1 KÜCHENFERTIGE GANS (ETWA 2 KG)

SALZ

WEISSER PFEFFER

SCHWEINESCHMALZ ZUM BRATEN

2 ZWIEBELN

150 G ZUCKER

ABGERIEBENE SCHALE VON

1 UNBEHANDELTEN ORANGE

1–2 EL WEISSWEINESSIG

500 ML GEFLÜGELBRÜHE

2 GÄNSELEBERN

Für die Birnen:

4 FRISCHE WILLIAMSBIRNEN

1 EL ZUCKER

18

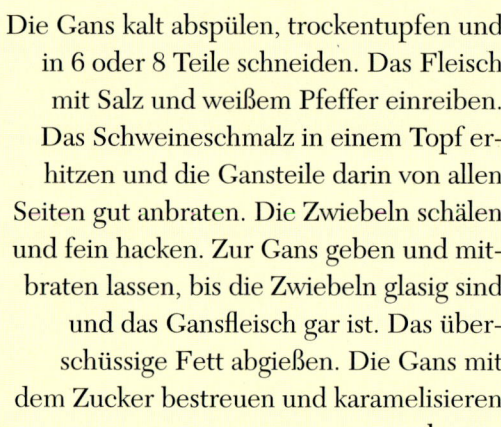

Die Gans kalt abspülen, trockentupfen und in 6 oder 8 Teile schneiden. Das Fleisch mit Salz und weißem Pfeffer einreiben. Das Schweineschmalz in einem Topf erhitzen und die Gansteile darin von allen Seiten gut anbraten. Die Zwiebeln schälen und fein hacken. Zur Gans geben und mitbraten lassen, bis die Zwiebeln glasig sind und das Gansfleisch gar ist. Das überschüssige Fett abgießen. Die Gans mit dem Zucker bestreuen und karamelisieren lassen.

Die Orangenschale und den Essig verrühren. Zu den Gansstücken geben und einkochen lassen. Die Brühe zugießen und das Ganze bei mittlerer Hitze zugedeckt etwa 1 Stunde kochen lassen.

Die Gänselebern waschen, von Häuten und Sehnen befreien, 1 Leber in einem Mörser zu Mus verarbeiten. Unter den Ganssud rühren und die Sauce damit binden. Mit Pfeffer und Salz abschmecken und noch etwas weiter köcheln lassen. Die zweite Leber im Sud garen.

Die Birnen waschen, schälen und halbieren. Vom Kerngehäuse befreien und zusammen mit dem Zucker und 250 ml Wasser kochen, bis sie fast gar sind. Einige Minuten vor dem Servieren beigeben.

SÜSSE
SCHWEINEBRATWURST

»Botifarra dulce del Ampurdán«

650–700 G FETTES SCHWEINEFLEISCH

100 G ZUCKER

SALZ

ZIMTPULVER

ABGERIEBENE SCHALE VON

1 UNBEHANDELTEN ZITRONE

1 SCHWEINEDARM

4 EL SCHWEINESCHMALZ

2 EL HONIG

8–12 SCHEIBEN TOASTBROT

20

Am Vortag das Schweinefleisch sehr fein schneiden oder durch die gröbste Scheibe des Fleischwolfs drehen. Etwas Zucker, Salz und Zimt sowie die Zitronenschale hinzufügen und alles gut vermischen. An einem kühlen Ort bis zum nächsten Tag ziehen lassen.

Den Schweinedarm 1 bis 2 Stunden in kaltes Wasser legen und anschließend etwas abtropfen lassen. Das eine Ende über einen Wasserhahn ziehen und kaltes Wasser durchlaufen lassen, um ihn zu säubern. Dann den Darm auf den Stutzen (Ø 1,5 bis 2 cm) eines Trichters schieben, bis nur noch ein kurzes Stück herunterhängt. Das Darmende mit Küchengarn zubinden. Anschließend mit der nochmals

durchgerührten Fleischmasse füllen und in Abständen von etwa 10 cm Würste abdrehen. Nicht zu prall füllen, da die Würste beim Garen sonst platzen. Das Ende wieder mit Küchengarn zubinden.

In einer Pfanne das Schweineschmalz, den Honig, den restlichen Zucker und etwas Wasser vermischen. Die Würste hineingeben und erhitzen. So lange kochen lassen, bis der Zucker karamelisiert.

Die Brote toasten. Sobald die Würste schön gebräunt sind, sofort auf den Toasts servieren und mit der Honig-Zucker-Mischung benetzen. Man kann die Würste auch leicht anbraten und mit einer Schokoladensauce überziehen.

»Stilleben« (1918)
Museo Nacional Reina Sofia, Madrid

MENÜ À LA AMPURDÁN

SCAMPI IN OLIVENSAUCE
KALBSFUSS UND KALBSMAUL MIT GRÜNER SAUCE
MELONE MIT TRAUBEN
Nachgekocht von Alexander Herrmann, »Herrmann's Posthotel«, Wirsberg

Das Ampurdán ist ein Landstrich im Nordosten Spaniens, in der autonomen Region Katalonien, die man auch als »Dalí-Land« bezeichnet.

Die »Krone von Aragon«, wie sich Katalonien im Mittelalter bezeichnen durfte, wurde einst von den Karthagern, Römern, Mauren, Franken, Westgoten und Griechen beherrscht, deren Eßgewohnheiten und Speisen noch heute den Speiseplan beeinflußen.

Die rustikalen, herzhaften Menüs sind oftmals von einer bescheidenen Einfachheit und umfassen kaum mehr als drei bis vier Gänge. Vieles wird, wie vor hunderten von Jahren in einem tönernen Topf gekocht, den man bei der Feldarbeit über das Feuer stellen oder hängen konnte. Das meist süß oder salzig eingelegte Fleisch hielt sich auch bei klimatisch hohen Temperaturen einige Tage, vielleicht sogar Wochen.

Ein Überbleibsel aus jener Zeit dürfte das Zusammenkochen von Kalbsfuß und Kalbsmaul darstellen. Ein Eintopfgericht, das häufig auch Kranken gereicht wurde, denn die daraus gewonnene vitaminreiche Gelatine verhilft schwachen Knochen zu mehr Stärke. Auch Scampi sind fester Bestandteil der katalanischen Küche.

SCAMPI IN OLIVENSAUCE

»Gambas«

Für die Scampi:

16 FRISCHE SCAMPI

2 EL ZITRONENSAFT

SALZ

3 EL OLIVENÖL

Für die Sauce:

6 GRÜNE OLIVEN

6 SCHWARZE OLIVEN

1 KLEINE ZWIEBEL

$^{1}/_{2}$ TL FEINGEHACKTER THYMIAN

2 EL OLIVENÖL

1 EL ZITRONENSAFT

SALZ

$^{1}/_{2}$ TL WEISSER PFEFFER AUS DER MÜHLE

Die Scampi unter fließendem Wasser waschen. Jeweils den Kopf der Scampi vom Körper abdrehen. Die Schalen entfernen und das Schwanzende nach Belieben daran lassen. Am Rücken der Scampi einen flachen Einschnitt machen und jeweils den dunklen Darm mit einer Pinzette entfernen.

Die Scampi trockentupfen und mit Zitronensaft beträufeln. Etwa 10 Minuten ziehen lassen. Nochmals abtupfen und leicht salzen. Das Olivenöl in einer großen Pfanne erhitzen und die Scampi darin von allen Seiten braten, bis sie schön rosa sind.

Während die Scampi durchziehen, die Oliven entsteinen und das Fruchtfleisch fein schneiden oder hacken. Die Zwiebel schälen und fein reiben. Oliven, Zwiebel, Thymian, Olivenöl und Zitronensaft in einer kleinen Schüssel gründlich vermischen. Die Sauce kräftig mit Salz und Pfeffer abschmecken. Die Scampi auf einer Keramikplatte anrichten. Die Olivensauce getrennt dazu reichen.

24

KALBSFUSS UND KALBSMAUL MIT GRÜNER SAUCE

»Pota y morro de vedella am salsa verde«

1 KALBSFUSS

1 KALBSMAUL

1 ZWIEBEL

1 STANGE LAUCH

1 MÖHRE

1 GEWÜRZNELKE

SALZ

Für die Sauce:

1 ZWIEBEL

2 ESSIGGURKEN

1 PETERSILIENZWEIG

1 EL KAPERN

1 HARTGEKOCHTES EI

2–3 EL OLIVENÖL

1–2 EL WEISSWEINESSIG

SALZ

PFEFFER AUS DER MÜHLE

26

Den Kalbsfuß am besten vom Fleischer brühen, spalten und von den starken Knochen befreien lassen. Das Kalbsmaul waschen, trockentupfen und in Scheiben schneiden. Die Zwiebel schälen und vierteln. Den Lauch putzen, gründlich waschen und in grobe Stücke schneiden. Die Möhre schälen und ebenfalls in grobe Stücke schneiden.

Den Kalbsfuß und das Kalbsmaul zusammen mit Zwiebel, Lauch, Möhre sowie der Gewürznelke in einen Tontopf geben. Mit Wasser auffüllen, bis alles knapp bedeckt ist. Das Ganze erhitzen. Salzen, den Topf verschließen und das Fleisch bei mittlerer Hitze kochen lassen, bis es gar ist.

Inzwischen für die Sauce die Zwiebel schälen und fein hacken. Die Essiggurken in feine Würfel schneiden. Den Petersilienzweig waschen und fein wiegen. Die Kapern fein hacken. Das Ei pellen und in kleine Stücke schneiden. Zwiebel, Essiggurken, Petersilie, Kapern und Ei vermischen. Mit Olivenöl, Weißweinessig, Salz und Pfeffer zu einer dicken Sauce verarbeiten. Das Fleisch im Tontopf anrichten. Die Sauce extra servieren. Frisches Brot dazu reichen.

MELONE MIT TRAUBEN

»Melón y uvas«

1 Honigmelone
....
2 unbehandelte Zitronen
....
1–2 EL Zucker
....
Zum Garnieren:
....
blaue Weintrauben
....

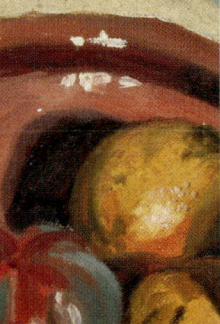

Die Melone halbieren und mit einem Eßlöffel die Kerne entfernen. Mit einem Kugelausstecher Kugeln aus dem Fleisch der Melone herstellen. Die Melonenkugeln in eine Schüssel geben und diese in den Kühlschrank stellen. Das restliche Melonenfleisch von den Schalen lösen, in eine Schüssel geben und beiseite stellen.

Von ½ bis 1 Zitrone die Schale fein abreiben. Die Früchte auspressen. Den Zitronensaft mit Wasser auf etwa 125 ml Flüssigkeit auffüllen.

Das Zitronenwasser erhitzen, abgeriebene Schale und Zucker hinzufügen und das Ganze etwa 5 Minuten köcheln lassen. Das Melonenfleisch in der Schüssel mit der heißen Zitronensauce übergießen. Dann im Mixer pürieren.

Die Melonen-Zitronen-Masse zu einer großen Kugel formen. Diese mit blauen Weintrauben spicken. Mit den Melonenkugeln garnieren.

MENÜ À LA FIGUERES

ARTISCHOCKEN IN ÖL
KÜRBISSUPPE
SCHWEINEFÜSSE MIT ZUCKERKARAMEL
BLECHKUCHEN MIT PINIENKERNEN
Nachgekocht von Stefan Kröll, »Schloß Calberwisch«, Calberwisch

Figueres ist die Dalí-Stadt, obwohl er selbst nie sehr viel von ihr hielt. Auch die Einwohner schätzten den Maler nicht besonders, bis sie erkannten, daß der weltberühmte Künstler ihrer Stadt zu enormem Bekanntheitsgrad verhalf. Man sprach und spricht nicht nur deshalb von Figueres, weil Dalí hier am 11. Mai 1904 um 8.45 Uhr in der Calle de Monturiol geboren wurde, sondern auch, weil er mit seinem Teatre museu der Stadt, Spanien und der Welt ein Gesamtkunstwerk hinterließ, von dem einst General Francisco Franco in weiser Voraussicht sagte, daß dieses Museum zu einem »Mekka der westlichen Kunst« werden würde. Tatsächlich wurde Figueres durch dieses Museum international bekannt, eine Wunschvorstellung des damaligen Bürgermeisters Ramón Guardiola Rovira, die Realität wurde. Das Teatre museu avancierte zur Haupt-einnahmequelle der Stadt. Aus aller Herren Ländern strömten die Menschen herbei. Dem geistigen Genuß, den sie sich erst durch langes Schlangestehen an der Kasse verdienen mußten, folgte unweigerlich der kulinarische Genuß, für den unzählige Restaurants und Bars ihre Türen weit öffnen. Dalí bevorzugte aus der Vielfalt dieser Angebote nur zwei Restaurants, das »Duran« und das »Emporda«.

»Gebratene Eier auf einem Löffel« (1932), Privatbesitz New York

ARTISCHOCKEN IN ÖL
»Alcachofas en Aceite«

4 MITTELGROSSE ARTISCHOCKEN
SALZ
2 VOLLREIFE TOMATEN
5 EL OLIVENÖL
2 EL ZITRONENSAFT
PFEFFER AUS DER MÜHLE

Von den Artischocken jeweils den Stiel direkt unter dem Blütenkopf abbrechen, so daß alle Fasern herausgezogen werden. Den Boden mit einem Messer gerade schneiden. Die Blattspitzen mit einer Küchenschere einkürzen, dann das obere Drittel des Blütenkopfes mit einem großen Messer entfernen. Die Artischocken in Salzwasser 30 bis 40 Minuten kochen. Dann herausheben und mit dem Kopf nach unten abtropfen lassen.

Während die Artischocken kochen, die Tomaten oben über Kreuz einschneiden, auf einem Schaumlöffel für einige Sekunden in kochendes Wasser halten und anschließend kalt abschrecken. Die Haut abziehen, die Stielansätze entfernen, die Tomaten halbieren, dann das Fruchtfleisch entkernen und fein hacken. Das Tomatenfruchtfleisch in eine Schüssel geben und darin mit Olivenöl, Zitronensaft, Salz und Pfeffer vermischen.

Die Artischocken auf Teller setzen. Die Blütenblätter einzeln mit der Hand abziehen, am unteren Ende in die Tomatensauce dippen und das Artischockenfleisch heraussaugen. Der Artischockenboden wird ganz zum Schluß verzehrt.

32

KÜRBISSUPPE
(Sopa de calabeza)

1,5 KG GELBER KÜRBIS
1 MITTELGROSSE ZWIEBEL
1 EL ÖL
1 L MILCH
SALZ
PFEFFER AUS DER MÜHLE

Den Kürbis schälen, halbieren und mit einem Löffel die Kerne entfernen. Das Fruchtfleisch in Würfel schneiden. Die Zwiebel abziehen und fein hacken. Das Öl in einem tiefen Topf erhitzen und die Zwiebel darin goldbraun braten.

Die Kürbiswürfel hinzufügen und rundherum glasig dünsten. Mit 500 ml Wasser ablöschen und dann den Kürbis zugedeckt bei sanfter Hitze in etwa 20 Minuten weich garen. Nach etwa 10 Minuten Kochzeit die Milch angießen.

Sobald der Kürbis weich ist, die Suppe offen etwas einkochen lassen, bis sie beginnt, cremig zu werden. Mit Salz und Pfeffer abschmecken und anschließend zusammen mit frischem Weißbrot servieren.

SCHWEINEFÜSSE MIT ZUCKERKARAMEL

»Patas de cerdo confitadas«

Für die Schweinefüße:

4 SCHWEINEFÜSSE

1 MÖHRE

1 LAUCHSTANGE

1 SELLERIEKNOLLE

3 LORBEERBLÄTTER

2 ZWEIGE THYMIAN

SALZ

PFEFFER AUS DER MÜHLE

Für das Gemüse:

500 G MITTELGROSSE KARTOFFELN

250 G MÖHREN

Für die Avocadocreme:

2 SCHALOTTEN

4 REIFE AVOCADOS

SAFT VON 2 LIMONEN

150 G CRÈME FRAÎCHE ODER SAURE SAHNE

Für den Zuckerkaramel:

200 G BRAUNER ZUCKER

3 EL BUTTER

Die Schweinefüße bereits beim Metzger absengen und vierteln lassen. Für 1 Tag in kaltes Wasser legen. Möhre, Lauch und Sellerie schälen bzw. putzen und waschen. Das Gemüse in Stücke schneiden. Die Schweinefüße in einem großen Topf in kaltem Wasser aufsetzen, das Ganze aufkochen und 2 Minuten wallen lassen. Dann abgießen. Den Topf ausspülen, dann Schweinefüße, Gemüse, Lorbeer und Thymian hineingeben.

Mit Wasser bedecken und das Ganze erhitzen. Salz hinzufügen und das Fleisch 2 bis 2 1/2 Stunden bei mittlerer Hitze halb zugedeckt kochen lassen. Abkühlen lassen und im passierten Kochwasser aufbewahren. Während die Schweinefüße kochen, Kartoffeln und Möhren schälen, in Stücke schneiden und in Salzwasser weich garen. Abgießen und warm stellen.

Für die Avocadocreme die Schalotten abziehen und vierteln. Die Avocados halbieren, entsteinen und das Fruchtfleisch mit einem Teelöffel von den Schalen lösen. Avocadofruchtfleisch zusammen mit den Schalotten im Mixer pürieren. Dann Limonensaft und Crème fraîche oder saure Sahne unterziehen. Mit Salz und Pfeffer abschmecken. Zucker und Butter in einer Pfanne auf 200 °C erhitzen, bis flüssiger Karamel entsteht. Die Kalbsfüße auf Teller setzen und jeweils mit Karamel überziehen. Heiß zusammen mit der Avocadocreme, Kartoffeln und Möhren servieren.

BLECHKUCHEN MIT PINIENKERNEN

»Coca amb pinyons«

4 EIER
ABGERIEBENE SCHALE VON
1 UNBEHANDELTEN ZITRONE
250 ML OLIVENÖL
250 G ZUCKER
50 ML MILCH
800 G MEHL
AUSGEKRATZTES MARK VON
1 VANILLESCHOTE
1 TL BACKPULVER
ÖL FÜR DAS BLECH
ZUCKER ZUM BESTREUEN
50 G PINIENKERNE

36

Die Eier trennen. Die Eiweiße steif schlagen und kühl stellen. Die Zitronenschale im Öl bei sanfter Hitze andünsten, bis das Öl Zitronenduft verströmt. Das Öl durch ein Sieb abgießen, die Zitronenschale aufbewahren.

Den Backofen auf 200 °C vorheizen. Die Eigelbe und den Zucker schaumig schlagen, dann unter ständigem Rühren das Zitronenöl und die Milch zugeben. Das Mehl eßlöffelweise unterarbeiten. So lange rühren, bis der Teig wie Mayonnaise aussieht. Zitronenschale, Vanillemark und Backpulver untermengen. Zum Schluß den Eischnee mit einem Schneebesen unterziehen.

Ein Backblech mit hohem Rand mit Öl einfetten. Den Teig darauf verstreichen, mit Zucker und Pinienkernen bestreuen und etwa 40 Minuten backen.

Der Kuchen ist fertig, wenn kein Teig mehr an einem Holzstäbchen kleben bleibt und die Masse gut braun geworden ist. Nach Belieben können auch kandierte Früchte unter den Teig gemischt werden.

»Stilleben – Fisch mit roter Schale« (1922).
Dali Museum St. Petersburg/Florida

MENÜ À LA ROSES

KALTE GEMÜSESUPPE
MAKKARONI MIT SAUCE
GEFÜLLTE KALAMARE
KATALANISCHER BUTTERKUCHEN
Nachgekocht von Klaus Bramkamp, »Hotel Intercontinental«, Frankfurt

Roses ist die Hafenstadt im Ampurdán und der größte Umschlageplatz für Frischfisch.

Fisch ist von Kataloniens Speisekarte nicht wegzudenken. Besondere Beliebtheit fand in den Nachkriegsjahren der Tintenfisch, den man auf verschiedene Arten zubereitet. Der zehnarmige Kopffüßler schmeckte Dalí besonders gut in der Zubereitung von Louis Duran sen., der den gefüllten Tintenfisch wie kein anderer zu kochen vermochte.

Aber auch in Roses weiß man den Tintenfisch auf verschiedene Art schmackhaft zuzubereiten, vor allem in den Fischerkneipen am Hafenbecken, wo es nicht selten vorkommt, daß die Köche den frischen Fang direkt vom Boot in die Küche holen.

Die Sommersuppe, »Gazpacho« genannt, hat sich aus Andalusien nach Katalonien eingeschlichen. Im Grunde genommen ist es ein simples Bauerngericht, das im nachfolgenden Rezept unverfälscht wiedergegeben wird, so wie es heute noch im »Duran« auf den Tisch kommt.

KALTE GEMÜSESUPPE
»Gazpacho«

500 G VOLLREIFE TOMATEN

1 ROTE PAPRIKASCHOTE

1 SALATGURKE

2 ZWIEBELN

2 KNOBLAUCHZEHEN

SAFT VON ½ ZITRONE

2 EL OLIVENÖL

100 G GERÖSTETE WEISSBROTWÜRFEL

250 G SAHNE

JE 1 MSP. FEINGEHACKTER
ROSMARIN UND SALBEI

1 TL EDELSÜSSES PAPRIKAPULVER

SALZ

PFEFFER AUS DER MÜHLE

1 BUND SCHNITTLAUCH

Die Tomaten oben über Kreuz einschneiden, auf einer Schaumkelle einzeln für einige Sekunden in kochendes Wasser halten, dann kalt abschrecken. Die Früchte von den Stielansätzen befreien, enthäuten, entkernen und das Fruchtfleisch in kleine Stücke schneiden. Die Paprikaschote putzen, waschen und würfeln. Die Gurke schälen und ebenfalls würfeln. Die Zwiebeln schälen und grob hacken. Die Knoblauchzehen schälen und fein schneiden. Tomaten, Paprikaschote, Gurke, Zwiebeln und Knoblauch im Mixer pürieren.

Den Zitronensaft und das Olivenöl mit den Weißbrotwürfeln vermengen. Die Masse mit einem Schneebesen unter das Gemüsepüree ziehen. Die Sahne, den Rosmarin und den Salbei unter das Gemüsepüree rühren. Mit Paprikapulver, Salz und Pfeffer abschmecken. Die Suppe 2 Stunden zugedeckt im Kühlschrank durchziehen lassen.

Den Schnittlauch waschen, trockenschütteln und in Röllchen schneiden. Vor dem Servieren über die kalte Suppe streuen.

MAKKARONI MIT SAUCE

»Makkaroni amb Salsa«

1 ZWIEBEL

1 KNOBLAUCHZEHE

3–4 VOLLREIFE TOMATEN

1 GRÜNE PFEFFERSCHOTE

2 WEISSE RÜBEN

2 PASTINAKEN

2 MÖHREN

2 SELLERIESTANGEN

2 EL SCHWEINESCHMALZ

500 ML HÜHNERBRÜHE

SALZ

PFEFFER AUS DER MÜHLE

$\frac{1}{2}$–1 TL GETROCKNETER THYMIAN

1 EL OLIVENÖL

200 G MAKKARONI

150 G BRATWÜRSTE (BOTIFARRA)

$\frac{1}{2}$ BUND GEHACKTE PETERSILIE

SCHWEINESCHMALZ FÜR DIE FORM

60–80 G GERIEBENER MANCHEGO

(SPANISCHER HARTKÄSE AUS SCHAFSMILCH)

42

Die Zwiebel schälen und in kleine Würfel schneiden. Die Knoblauchzehe schälen und durchpressen. Die Tomaten oben über Kreuz einschneiden, auf einer Schaumkelle einzeln für einige Sekunden in kochendes Wasser halten, dann kalt abschrecken. Die Früchte von den Stielansätzen befreien, enthäuten, entkernen und das Fruchtfleisch in kleine Stücke schneiden.

Die Pfefferschote putzen, waschen und in kleine Stücke schneiden. Die weißen Rüben, die Pastinaken und die Möhren schälen und fein würfeln. Den Sellerie waschen und kleinschneiden.

Das Schweineschmalz in einem Topf erhitzen. Die Zwiebel zusammen mit dem Knoblauch darin andünsten. Anschließend das restliche Gemüse hinzufügen und unter Rühren glasig dünsten. Mit der Hühnerbrühe ablöschen. Mit Salz, Pfeffer und Thymian abschmecken. Die Sauce etwa 10 Minuten köcheln lassen.

Etwa 3 Liter leicht gesalzenes Wasser zum Kochen bringen. Das Olivenöl und die Makkaroni hineingeben und die Nudeln in 8 bis 10 Minuten bißfest garen. Anschließend abgießen und abtropfen lassen.

Den Backofen auf 200 °C vorheizen. Die Bratwürste in Stücke schneiden. Die Makkaroni mit der Gemüsesauce in einer Schüssel vermengen. Die Wurststücke und die Petersilie daruntermischen. Eine feuerfeste Tonform mit Schweineschmalz fetten und die Makkaroni-Gemüse-Masse hineingeben. Mit Käse bestreuen. Im Ofen etwa 20 Minuten garen.

GEFÜLLTE KALAMARE

»Calamares rellenos«

8 Kalamare

1 Zwiebel

4 Knoblauchzehen

1 Bund Petersilie

2 Zweige Majoran

2 Zweige Zitronenmelisse

300 g gemischtes Hackfleisch

60 g Pinienkerne

1 Ei

Salz

Pfeffer aus der Mühle

Saft von 1 Zitrone

10 EL Olivenöl

6 vollreife Tomaten

1 kleine Pfefferschote

Die Kalamare gründlich waschen. Die Haut entfernen und die Tentakel aus dem Körperbeutel ziehen. Die Tentakel mit einem scharfen Messer knapp über den Augen vom Kopf trennen. Das transparente Fischbein entfernen. Die Flossen vom Rumpf ziehen und den Rumpf gründlich waschen.

Die Zwiebel schälen und in feine Würfel schneiden. Die Knoblauchzehen schälen und durchpressen. Die Petersilie, den Majoran und die Zitronenmelisse waschen, abtropfen lassen und fein wiegen. Die Zwiebel, die Hälfte des Knoblauchs und die Kräuter mit dem Hackfleisch vermengen. Etwa drei Viertel der Pinienkerne und das Ei dazugeben. Die Masse gut vermischen und mit Salz und Pfeffer würzen.

Den Backofen auf 225 °C vorheizen. Die Tintenfischröhren mit der Hackfleischmasse füllen und jeweils mit Küchengarn zubinden. In eine Tonform legen. Mit Zitronensaft und etwa der Hälfte des Olivenöls beträufeln, dann etwas Wasser dazugeben. Die Form mit einem Deckel oder mit Alufolie verschließen und die Tintenfische im Ofen etwa 30 Minuten garen.

Inzwischen die Tomaten oben über Kreuz einschneiden, auf einer Schaumkelle einzeln für einige Sekunden in kochendes Wasser halten, dann kalt abschrecken. Die Früchte von den Stielansätzen befreien, enthäuten, entkernen und das Fruchtfleisch in kleine Stücke schneiden. Die Pfefferschote putzen, waschen und in feine Streifen schneiden. Das restliche Olivenöl in einem Topf erhitzen. Restlichen Knoblauch, restliche Pinienkerne, Pfefferschote und Tomaten darin andünsten. Unter ständigem Rühren etwa 15 Minuten köcheln lassen und anschließend mit Salz und Pfeffer abschmecken. Die gefüllten Tintenfische zusammen mit der Sauce anrichten.

KATALANISCHER BUTTERKUCHEN

»Mantegades a la Catalana«

200 G MEHL

1 EIGELB

50 G ZUCKER

ABGERIEBENE SCHALE VON
1 UNBEHANDELTEN ZITRONE

100 G WEICHE BUTTER

BUTTER FÜR DIE FORM

BUTTER, ZUCKER UND MANDELBLÄTTCHEN
ZUM BESTREUEN

46

Den Backofen auf 200 °C vorheizen. Das Mehl auf eine Arbeitsfläche sieben und in die Mitte eine Mulde drücken. Das Eigelb, den Zucker und die Zitronenschale hineingeben. Die Butter in Flöckchen darübergeben. Alles mit beiden Händen verarbeiten, bis ein geschmeidiger Teig entsteht.

Eine Gratinform (24 cm Ø) ausfetten. Den Teig auf einer bemehlten Arbeitsfläche kreisförmig ausrollen und dann in die Form geben. Mit einer Gabel oder dem Stil eines Kochlöffels kleine Löcher in den Teig drücken. Ein paar Butterflöckchen und etwas Zucker darauf streuen. Den Teig mit Mandelblättchen bestreuen und im Ofen etwa 12 Minuten backen. Dann herausnehmen, abkühlen lassen und in Stücke schneiden.

263 /3000

MENÜ À LA TORRE GALATEA

MUSCHELCREME MIT SAFRAN
MEERESFRÜCHTE AUF GEMÜSE MIT SAHNECREME
KALBSFILET À LA AST
EIS VON KATALANISCHER CREME
Nachgekocht von Gisbert Ausgen, Romantik Hotel »Fasanerie«, Zweibrücken

Dalís Teatre-Museu wurde nach der Eröffnung am 28. September 1974 in Figueres schon bald zu klein. So hatte sich die ›Generalität‹ bereiterklärt, den angrenzenden Torre Gorgot der alten Stadtbefestigung dazuzukaufen und ließ ihn dementsprechend ausbauen. Am 27. März 1984 wurde der Turm in Anwesenheit von Dalí eingeweiht. Es war einer seiner letzten großen Auftritte in der Öffentlichkeit. Das Haus Duran kreierte nach den Wünschen Dalís das Festmenü. Dabei durfte die soeben von seinem Freund Josef Mercader neu entworfene Katalanische Creme aus Eis nicht fehlen.

Offensichtlich lag der Gedanke zugrunde, daß ein warmes oder normal temperiertes Dessert nach einem reichhaltigen katalanischen Essen vielleicht nicht so verlockend ist, eine kalte Variante der gleichen Nachspeise der Verdauung der vorangegangenen Speisen aber zuträglicher wäre.

Im August 1984 erlitt Dalí bei einem Zimmerbrand auf Schloß Púbol, wohin er sich zurückgezogen hatte, schwere Verbrennungen, die in einer Klinik in Barcelona behandelt werden mußten. Danach bezog er im Torre Galatea, wie er ihn nannte, ein extra hergerichtetes Zimmer, wo er bis 1989 wohnte. Am 23. Januar 1989 starb Dalí im Krankenhaus von Figueres.

Teatro museo mit dem »Torre Galatea«. Die Mauern beklebt mit »Pa Tres Crostons«

MUSCHELCREME MIT SAFRAN

»Crema de mejillones al azafrán«

1 KG FRISCHE MIESMUSCHELN

1 L FISCHFOND AUS DEM GLAS

500 ML WEISSWEIN

3 EL SPEISESTÄRKE

50 G BUTTER

SALZ

PFEFFER AUS DER MÜHLE

ABGERIEBENE SCHALE VON

1 UNBEHANDELTEN ZITRONE

1 MSP. SAFRANPULVER

8 SAFRANFÄDEN

JE 1 MSP. KURKUMA UND PIMENT

250 ML MILCH

250 G SAHNE

1 SPRITZER TROCKENER SHERRY

1 SPRITZER WERMUT

50 G GEKOCHTE ERBSEN ZUM GARNIEREN

DILL ZUM GARNIEREN

Die Muscheln unter fließendem kalten Wasser gründlich abbürsten. Bereits geöffnete Muscheln aussortieren und wegwerfen. Mit einem kleinen Messer die Muschelbärte entfernen. Den Fischfond mit dem Weißwein vermischen und etwa zwei Drittel dieser Flüssigkeit in einem großen Topf zum Kochen bringen. Die Muscheln hineingeben und zugedeckt bei mittlerer Hitze etwa 5 Minuten garen, bis sich alle Muscheln geöffnet haben.

Die Muscheln abgießen und das Fleisch aus den Schalen lösen. Das Muschelfleisch fein hacken. Die Speisestärke mit einigen Eßlöffeln Muschelsud glattrühren, den Sud erneut erhitzen, Speisestärke einrühren und das Muschelfleisch zufügen. Die Butter untermengen und das Ganze mit Salz und Pfeffer würzen. Die Zitronenschale, den Safran sowie die restlichen Gewürze mit in den Topf geben. Alles zum Kochen bringen und unter ständigem Rühren ein paar Minuten köcheln lassen, bis die Creme bindet.

Den Topf vom Herd nehmen und die Milch und die Sahne unterziehen. Die Muschelcreme nochmals kurz erwärmen und mit Sherry und Wermut abschmecken. Mit Erbsen und Dill garnieren und sofort servieren.

MEERESFRÜCHTE AUF GEMÜSE MIT SAHNECREME

»Medallones de mariscos sobre legumbres con salsa muselina de crustaceos«

Für die Sauce:

250 G MÖHREN
1 STÜCK KNOLLENSELLERIE
1 STANGE LAUCH
2 ZWIEBELN
4 EL BUTTER
1 BUND PETERSILIE
1 LORBEERBLATT
100 ML WEISSWEIN
200 ML FISCHFOND
SALZ
PFEFFER AUS DER MÜHLE
400 G HUMMERFLEISCH AUS DER DOSE
50 G SAHNE
2 EL CRÈME FRAÎCHE

Für das Gemüse:

2 ZWIEBELN
1 KNOBLAUCHZEHE
1 GRÜNE PAPRIKASCHOTE
250 G VOLLREIFE TOMATEN
2 EL OLIVENÖL
1 MSP. NELKENPULVER
100 ML TROCKENER SPANISCHER WEISSWEIN
1 EL ZITRONENSAFT

Für die Meeresfrüchte:

2 LANGUSTENSCHWÄNZE
8 JAKOBSMUSCHELN
2 SEEBARSCHFILETS À CA. 90 G
2 LACHSFILETS À CA. 150 G
SAFT VON 1 ZITRONE
1 EI
MEHL ZUM PANIEREN
SEMMELBRÖSEL ZUM PANIEREN
2 EL OLIVENÖL

Für die Sauce Möhren und Sellerie schälen und würfeln. Den Lauch putzen, waschen und kleinschneiden. Die Zwiebeln schälen und ebenfalls in Ringe schneiden. Die Butter erhitzen. Zwiebeln, Möhren und Sellerie darin andünsten. Die Petersilie mit dem Lorbeerblatt zusammenbinden. Das Kräutersträußchen dazugeben. Mit Weißwein und Fischfond ablöschen. Salzen und pfeffern und etwa 10 Minuten köcheln lassen. Kräuter herausnehmen und den Sud passieren. Das Hummerfleisch pürieren und unter die Sauce rühren. Sahne und Crème fraîche unterziehen. Vor dem Servieren erneut erwärmen.

Für das Gemüse die Zwiebeln schälen und fein hacken. Knoblauch abziehen, zusammen mit Salz zerdrücken. Paprikaschote putzen, waschen und würfeln. Die Tomaten heiß überbrühen, enthäuten, entkernen und würfeln. Öl erhitzen und die Zwiebeln darin anschwitzen lassen. Knoblauch und Paprikaschote hinzufügen und etwa 5 Minuten mitdünsten. Die Tomaten hinzugeben und das Ganze 5 bis 10 Minuten köcheln lassen. Mit Salz, Pfeffer und Nelkenpulver würzen. Weißwein und Zitronensaft angießen, umrühren und das Gemüse warm stellen.

Die Langustenschwänze auslösen. Die Jakobsmuscheln gründlich reinigen, das Muschelfleisch von den unteren Schalenhälften lösen und in Wasser legen. Die Fischfilets kalt abspülen. Langustenschwänze, Jakobsmuscheln, Seebarschfilets und Lachsfilets mit Zitronensaft beträufeln und salzen. Das Ei verquirlen. Das Langustenfleisch, die Muscheln und die Filets zuerst in Mehl, dann in Ei und anschließend in Semmelbröseln wenden. Im Olivenöl hellgelb braten und dann zusammen mit dem Gemüse und der Sauce servieren.

KALBSFILET À LA AST

»Filete de ternera al Ast«

Für die Gänseleberterrine:

2 GÄNSELEBERN

500 G SCHWARZE TRÜFFEL • SALZ

4 EL BUTTER • 150 ML MADEIRA

250 G SPECK • 2 SCHALOTTEN

100 G CHAMPIGNONS

1 EL GEHACKTE PETERSILIE

ABGERIEBENE SCHALE VON

½ UNBEHANDELTEN ZITRONE

500 G SCHWEINEFILET

PFEFFER AUS DER MÜHLE • 1 EL RUM

DÜNNE SPECKSCHEIBEN

ZUM AUSLEGEN DER FORM

Für die Dauphine Kartoffeln:

250 G KARTOFFELN • 60 G BUTTER

60 G MEHL • 2 EIER • 1 EIGELB

1 EL GEHACKTE PETERSILIE

FRISCH GERIEBENE MUSKATNUSS

ÖL ZUM FRITIEREN

Für die Kalbsfilets:

4 SCHEIBEN KALBSFILET

3 EL MEHL • 75 G BUTTERSCHMALZ

54

Die Lebern waschen, von Häuten und Sehnen befreien und in Streifen schneiden. Die Trüffel gründlich bürsten und anschließend in dünne Scheiben schneiden. 50 g davon in Stifte schneiden und die Leberstreifen damit spicken, leicht salzen. 2 Eßlöffel Butter erhitzen und die Leberstreifen darin halb weich garen.

In einem zweiten Topf die restliche Butter erhitzen. Etwa drei Fünftel der Trüffel hineingeben und zusammen mit ungefähr einem Drittel des Madeiras weich dünsten. 50 g Speck würfeln. Die Schalotten schälen und fein hacken. Die Champignons putzen und blättrig schneiden. Die Speckwürfel in einer Pfanne auslassen und die Schalotten darin andünsten. Die Champignons dazugeben und mitdünsten. Zuletzt die Peter-silie und die Zitronenschale unterrühren. Etwas abkühlen lassen, dann zusammen mit dem restlichen Speck und dem Schweinefilet durch die feinste Scheibe eines Fleischwolfs drehen. Die Farce mit Salz, Pfeffer sowie Rum würzen und gut vermengen. Eine Pastetenterrine am Boden dünn mit Speckscheiben auslegen. Die Scheiben fingerdick mit der Farce bestreichen. Dann eine Schicht Leberstreifen und eine Schicht Trüffelscheiben daraufgeben. So fortfahren und mit einer Schicht Farce enden. Zuletzt mit Speckscheiben bedecken. Die Terrine verschließen und das Ganze in ein Küchentuch binden. Bis zur Hälfte in siedendes Wasser stellen und zugedeckt etwa 1 Stunde und 30 Minuten kochen lassen.

(Fortsetzung siehe Seite 56)

Aus dem Wasserbad nehmen. Das Tuch und den Terrinendeckel entfernen. Die oberen Speckscheiben abnehmen und die Terrine mit dem restlichen Madeira übergießen. Die Speckscheiben wieder auf die Terrine legen. Abkühlen lassen und zugedeckt 2 bis 3 Tage kalt stellen.

Die Kartoffeln schälen, in Wasser garen und in eine Schüssel passieren. Salzen und pfeffern. So lange rühren, bis eine glatte Masse entsteht. Die Butter zusammen mit 125 ml Wasser in einen Topf geben und so lange erhitzen, bis die Butter geschmolzen ist. Das Mehl darüber sieben und bei schwacher Hitze mit einem Kochlöffel ständig rühren, bis sich der Teig zu einem trockenen Ball formt. Nach und nach die Eier und das Eigelb unter diesen Brandteig schlagen. Mit dem Kartoffelpüree vermengen. Die Masse mit Petersilie und Muskatnuß würzen.

Den Backofen auf 175 °C vorheizen. Reichlich Öl in einer Friteuse auf 180 °C erhitzen. Von der Kartoffelmasse walnußgroße Bällchen abstechen und diese in 4 bis 5 Minuten goldgelb fritieren. Dabei immer wieder drehen, damit sie von allen Seiten gleichmäßig Farbe bekommen. Die Kartoffelbällchen auf Küchenkrepp abtropfen lassen und im Ofen bei leicht geöffneter Tür warm halten, bis die restliche Kartoffelmasse fritiert ist. Darauf achten, daß sich die Dauphine Kartoffeln nicht berühren, da sie sonst nicht knusprig bleiben.

Die Kalbsfilets leicht klopfen und flach drücken. Von beiden Seiten etwas salzen. In Mehl wenden. Das Butterschmalz erhitzen und die Filets darin auf jeder Seite etwa 3 Minuten braten. Zusammen mit der Gänseleberterrine und den Dauphine Kartoffeln servieren.

EIS VON KATALANISCHER CREME

»Helado de crema catalana«

500 ML MILCH

¹/₄ ZIMTSTANGE

SCHALENSTREIFEN VON

¹/₂ UNBEHANDELTEN ZITRONE

5 EIGELB

80 G ZUCKER

1 EL SPEISESTÄRKE

1 MSP. SALZ

4 EL BRAUNER ZUCKER

Die Milch zusammen mit der Zimtstange und der Zitronenschale aufkochen lassen. Den Topf vom Herd nehmen und die Milch etwa 20 Minuten ziehen lassen. Zimtstange und Zitronenschale herausnehmen.

Inzwischen die Eigelbe zusammen mit weißem Zucker, der Speisestärke und dem Salz in einer Schüssel mit einem Schneebesen schaumig schlagen. Die Milch wieder zum Kochen bringen. Unter ständigem Rühren unter die Eigelbmasse mischen. Alles zusammen wieder in den Topf geben, ständig weiterrühren und bei niedriger Hitze aufkochen, bis die Creme so dick wird, daß sie auf einem Löffelrücken liegen bleibt. Die Masse in Förmchen füllen und erkalten lassen.

Den Backofengrill auf die höchste Stufe vorheizen. Die Förmchen mit der erkalteten Creme gleichmäßig mit braunem Zucker bestreuen und unter den Grill stellen, bis der Zucker karamelisiert. Erneut erkalten lassen. Die Creme mit dem Karamel verrühren und im Gefrierfach zu Eis gefrieren lassen. Nach Belieben zusammen mit in Armagnac eingelegten Pflaumen servieren.

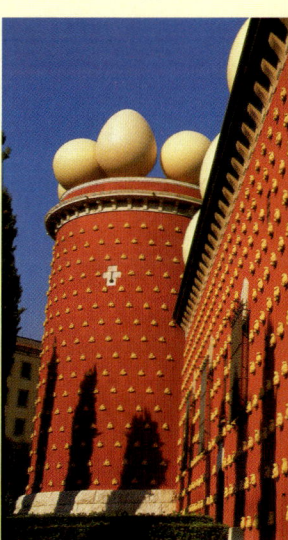

1922

»Der erste Weih-
nachts-Nougat-
Kuchen« (1922),
Sammlung Gebrüder
Estalella, Madrid

MINZSORBET ZUR

Ein Mann, dem Dalí sein ganzes Vertrauen schenkte, war Jaume Subirós, seines Zeichens Meisterkoch und Hotelier der Häuser »Emporda« in Figueres und »Almadraba« in Roses.

Dalí lebte nach dem Tod von Gala vom 10. Juni 1982 bis zum 31. August 1984 auf Schloß Púbol. In seinen letzten Lebensjahren nahm Dalí, dem das Essen keine Freude mehr machte, beängstigend ab. Hinzu kam, daß wieder Schluck-beschwerden auftraten, die er schon als Kind hatte und die immer wiederkehrten, wenn ihn Selbstzweifel und Ängste überfielen. Diesmal schienen sie besonders schlimm zu sein. Er hatte den Tod vor Augen.

60

Seine Freunde hielten Rat, was man dagegen tun könnte. Da kam man auf den Gedanken, Jaume Subirós zu bitten, Dalís Appetit zu aktivieren, und für ihn zu

Dali mit Josep Pl

kochen. Jaume Subirós war der Schwiegersohn eines angesehenen Gastronomen namens Josef Mercader, der wie-derum mit Josep Pla, dem großen katalani-schen Dichter befreun-det war, den Dalí be-wunderte und vereehrte.

HIMMELFAHRT

*Widmung Dalís
an das Restau-
rant »Emporda«
(1968)*

Dalí kannte Subirós schon lange. Er lernte dessen Küche bei mehreren Besuchen im »Emporda« schätzen. Der große Kochkünstler empfand es als eine Ehre, für den kranken Maler kochen zu dürfen. Er verlegte sein Tätig-

keitsfeld im August 1984 in die kleine Küche von Schloß Púbol. Tatsächlich begann Dalí wieder zu essen: Thymiansuppe, Wolfsbarsch, Dorsch, Merlan, Entenpastete, Ziegenfrischkäse mit Orangenkonfitüre, Minzsorbet und andere Speisen.

Am Abend des 29. August 1984 servierte ihm Subirós Eier, Brot bestrichen mit Öl und Tomatenmark, gegrillten Seebarsch mit Essigvinaigrette und in Champagner gegarte Birnen.

Es sollte sein letztes Essen auf Schloß Púbol sein, denn am fruhen Morgen des 30. August 1984 brach in seinem Schlafzimmer ein Brand aus, bei dem er schwere Verbrennungen erlitt. Wahrscheinlich wurde das Feuer durch einen Kurzschluß ausgelöst. Dalí war zu diesem Zeitpunkt bereits bettlägrig. Er litt an Schlaflosigkeit und hatte es sich zur Gewohnheit gemacht, die Schwestern, die ihn betreuten, zu jeder Tages- und Nachtzeit mittels einer Bettklingel zu sich zu rufen. Um dem ewigen Geläute ein Ende zu machen hatte man die Klingel durch einen Lichtalarm ersetzt. Wenn Dalí die Klingel betätigte, ging im Zimmer der Schwester eine Lampe an. Man vermutet, daß Dalí in dieser Nacht so lange auf die Klingel drückte, bis ein Kurzschluß entstand, der einen Schwelbrand verursachte.

Jaume Subir...

62

Im Juni 1998 war ich für einige Tage zu Gast in Subirós Hotel »Emporda« in Figueres und ließ mich mit den herrlichsten katalanischen Gerichten verwöhnen, nach deren Genuß sich nicht nur Dalí einstmals im siebten Himmel fühlte.

Fünf Menüs, die Dalí bevorzugte, sollen nachfolgend wiedergegeben werden.

MENÜ À LA FELIPA DALÍ

SPINATSALAT MIT NUSSÖL
GEFÜLLTE AUBERGINEN MIT SARDELLEN
RAVIOLI MIT KATALANISCHER FÜLLUNG
NOUGATKUCHEN
Nachgekocht von Johann Neumeier, Hotel »Die Wutzschleife«, Rötz-Hillstett/Opf.

Diese Speisenfolge wurde Dalís Mutter Felipa gewidmet, der Frau, die den jungen Salvador nach Strich und Faden verwöhnte: »Was möchtest du, mein Liebling ?« Und der kleine Dalí wußte schon sehr früh, was er wollte – auf keinen Fall Spinat. 1942 schrieb er:

> *»Glücklicherweise bin ich nicht eines jener Geschöpfe, die, wenn sie lächeln, zwischen ihren Zähnen (wenn auch noch so geringe) Überreste schrecklichen und unwürdigen Spinats bloßlegen. Nicht weil ich meine Zähne besser putze als andere; sondern aufgrund der – bestimmten – Tatsache, daß ich keinen Spinat esse. Er ist nun einmal so, daß ich dem Spinat, wie alles, was mehr oder weniger mit essen zu tun hat, wesentliche moralische und ästhetische Werte beimesse … Ich mag nur Dinge mit umgrenzten Formen zu essen, die der Verstand prüfen kann. Ich verabscheue Spinat wegen seines völlig amorphen Charakters, so sehr, daß ich fest überzeugt bin, und nicht einen Moment lang zögere, zu behaupten, daß einzig Gute, Edle und Eßbare an diesem Nahrungsmittel ist der Sand …«* [1]

Bestimmt wußte Dalí damals noch nicht, daß man Spinat auch als Salat zubereiten kann, der ihm im Alter sehr gut schmeckte. Noch lieber aber aß er gefüllte Auberginen mit Sardellen, deren Geschmack ihn begeisterte.

GEFÜLLTE AUBERGINEN MIT SARDELLEN

»Berenjenas reilenas a las androas«

2 Auberginen • Salz

200 g vollreife Tomaten

2 Knoblauchzehen

6 EL Olivenöl • 1 Zweig Thymian

1 kleines Lorbeerblatt

1 EL Zucker • Pfeffer aus der Mühle

8 Sardellenfilets

2 EL gehackte Petersilie

3 EL Semmelbrösel

SPINATSALAT MIT NUSSÖL

»Ensalada de espinacus al aceite de Nueces«

Für 6 Personen:

200 g Kichererbsen

400 g junger Blattspinat

3 Äpfel

300 g Wal- und Haselnusskerne

2 EL Olivenöl

2 EL Walnussöl

2 EL Apfelessig

Pfeffer aus der Mühle

Salz

64

Die Auberginen putzen, waschen und halbieren. Jede Hälfte mehrmals leicht einschneiden und die Schnitte mit Salz bestreuen. Die Tomaten heiß überbrühen, enthäuten, entkernen und das Fruchtfleisch in kleine Stücke schneiden. Die Knoblauchzehen schälen, eine davon fein hacken, die andere ganz belassen.

Etwa 1 Eßlöffel Öl in einer Pfanne erhitzen und die gehackte Knoblauchzehe darin anbraten. Dann die Tomaten, den Thymian und das Lorbeerblatt hinzufügen. Das Ganze mit Salz, Zucker sowie Pfeffer würzen und auf kleiner Flamme etwa 15 Minuten köcheln lassen.

Die Kichererbsen in reichlich Wasser 1 Stunde einweichen. Dann in neuem Kochwasser etwa 1 Stunde garen. Anschließend abgießen und abkühlen lassen. Den Spinat putzen, gründlich waschen und abtropfen lassen. Die Äpfel schälen, halbieren, vom Kerngehäuse befreien und in feine Stifte schneiden.

Kichererbsen, Spinat, Apfelstifte und Nüsse in einer Schüssel vermengen. Oliven- sowie Walnußöl und Apfelessig verrühren, die Marinade mit Pfeffer und Salz abschmecken und dann unter den Salat mengen. Der Salat schmeckt mit Entenleberpastete besonders gut.

Den Backofen auf 200 °C vorheizen. Die Auberginenhälften in 4 Eßlöffeln Olivenöl braten. Anschließend in eine feuerfeste Form setzen. Jede Hälfte mit Tomatensauce füllen und mit 2 Sardellenfilets belegen. Die restliche Knoblauchzehe zusammen mit der Petersilie in einem Mörser zerdrücken. Die Masse mit den Semmelbröseln vermengen und auf den Auberginenhälften verteilen. Alles mit dem restlichen Olivenöl beträufeln und im Ofen kurz gratinieren. Sofort servieren.

RAVIOLI MIT KATALANISCHER FÜLLUNG

»Raviolis de chanfaina«

Für den Teig:

300 G MEHL

2 EL ENTENFETT

1 EI • 2 EL OLIVENÖL

1 TL SALZ

Für die Füllung:

1 AUBERGINE • 1 GELBE PAPRIKASCHOTE

1 ZWIEBEL • 1 ZUCCHINI • 1 TOMATE

2 KNOBLAUCHZEHEN

2 EL OLIVENÖL

SALZ • PFEFFER AUS DER MÜHLE

Für die Sauce:

60 G BUTTER • 3 EL MEHL • 400 G SAHNE

FRISCH GERIEBENE MUSKATNUSS

Die Teigzutaten in einer Schüssel vermischen, dabei 1 Eßlöffel Wasser zugeben. Den Teig so lange kneten, bis eine homogene Masse entstanden ist. In ein feuchtes Tuch wickeln und 30 Minuten ruhen lassen. Anschließend den Teig auf bemehlter Arbeitsfläche ausrollen und mit einem gewellten Ausstecher Kreise mit 8 cm Durchmesser ausstechen. Die Ravioli im Kühlschrank mindestens 1 Stunde ruhen lassen.

Inzwischen den Backofen auf 200 °C vorheizen und Aubergine sowie Paprikaschote waschen. Beides zusammen mit der Zwiebel auf ein Blech setzen und im Ofen so lange garen, bis sich die Haut der Gemüse braun verfärbt. Herausnehmen, abkühlen lassen und jeweils die Haut abziehen. Das Fruchtfleisch würfeln. Zucchini und Tomate putzen, waschen und in Würfel schneiden. Knoblauch abziehen und in Scheiben schneiden. Das Olivenöl in einer Pfanne erhitzen und den Knoblauch darin an-

braten. Restliches Gemüse zufügen, das Ganze gut verrühren und etwa 10 Minuten köcheln lassen. Mit Salz und Pfeffer abschmecken.

Reichlich Salzwasser zum Kochen bringen und die Ravioli darin in etwa 3 Minuten bißfest garen. Dann abgießen und abtropfen lassen. Backofen auf 200 °C vorheizen. Für die Sauce die Butter in einem Topf erhitzen. Das Mehl darin hellgelb anschwitzen lassen, dann die Sahne einrühren. Die Sauce einkochen lassen, bis sie dickflüssig wird. Mit Salz, Pfeffer und Muskatnuß würzen.

Die Sauce auf ein Blech mit hohem Rand gießen. Die Hälfte der Ravioli darauf verteilen, auf jedes Teigstück 1 Eßlöffel Füllung geben und mit einer Ravioli abdecken. Das Blech in den Ofen geben und alles kurz sehr heiß werden lassen. Dann servieren.

NOUGATKUCHEN
»Torta de Nougat«

Für den Mürbeteig:

100 G GERIEBENE MANDELN

150 G MEHL

125 G KALTE BUTTER

120 G ZUCKER • 1 EIGELB

BUTTER UND MANDELBLÄTTCHEN

FÜR DIE FORM

Für den Nougatteig:

10 EIER

200 G ROHRZUCKER

1 PRISE SALZ

2 TL ZITRONENSAFT

AUSGEKRATZTES MARK VON

1 VANILLESCHOTE

ABGERIEBENE SCHALE VON

1 UNBEHANDELTEN ZITRONE

1 PRISE ZIMTPULVER

200 G GEMAHLENE MANDELN

200 G SPEISESTÄRKE • 100 G MEHL

1 TL BACKPULVER

400 G NOUGAT

SCKOKOLADENSPLITTER UND MANDELN

ZUM VERZIEREN

68

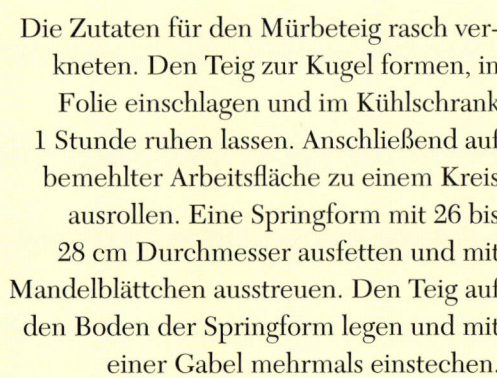

Die Zutaten für den Mürbeteig rasch verkneten. Den Teig zur Kugel formen, in Folie einschlagen und im Kühlschrank 1 Stunde ruhen lassen. Anschließend auf bemehlter Arbeitsfläche zu einem Kreis ausrollen. Eine Springform mit 26 bis 28 cm Durchmesser ausfetten und mit Mandelblättchen ausstreuen. Den Teig auf den Boden der Springform legen und mit einer Gabel mehrmals einstechen.

Den Backofen auf 175 °C vorheizen. Für den Nougatteig die Eier zusammen mit Zucker, Salz und Zitronensaft so lange schaumig schlagen, bis eine fast kompakte Schaummasse entsteht. Unter Rühren Vanilleschotenmark, Zitronenschale und Zimtpulver zugeben. Die Mandeln unterheben. Speisestärke, Mehl und Backpulver gründlich vermengen und ebenfalls unterheben.

Die Hälfte des Nougats erwärmen, verflüssigen lassen und mit einem Schneebesen unregelmäßig unter den Teig rühren. Den Nougatteig in die Form füllen und glattstreichen. Den Kuchen etwa 1 Stunde und 15 Minuten backen.

Nach dem Backen auf ein Kuchengitter stürzen und auskühlen lassen. Auf eine Tortenplatte setzen. Das restliche Nougat erwärmen und den Kuchen damit rundherum bestreichen. Den Guß im Kühlschrank fest werden lassen. Die Torte mit Schokoladensplittern und Mandeln verzieren.

»Herbstlicher Kannibalismus« (1936
The Tate Gallery, Londo

MENÜ À LA JOSEF MERCADER

BOHNENSUPPE
KANINCHENKALTSCHALE
FISCHTOPF
ZIEGENFRISCHKÄSE MIT KARAMELHONIG
Nachgekocht von Siegfried Weigang, »Columbia« Hotel Rüsselsheim, Rüsselsheim

Josef Mercader, dem Freund Dalís und Gründer der Hotels »Emporda« sowie »Almadraba« hat sein Schwiegersohn Jaume Suberiós diese Speisenfolge gewidmet. Sie wird mit einer Bohnensuppe eröffnet.

Dicke Bohnen, vor allem in einer Suppe, schätzte Dalí über alles:

> *Die Katalanen bereiten Bohnen so würzig zu, daß sie zu meinen Lieblingsgerichten gehören. Sie werden mit Speck und sehr fetten katalanischen Botifarras gekocht und das Geheimnis besteht darin, etwas Schokolade und einige Lorbeerblätter beizumischen …* [1]

In seinem berühmten Ölgemälde »Herbstlicher Kannibalismus« von 1936, das er in Vorahnung auf den Spanischen Bürgerkrieg malte, benutzte er auch Bohnenformen als Symbol der bevorstehenden Hungerjahre. Schließlich wird das Paar zu Knollen, zu Bohnen und ißt sich vor dem Hintergrund des geliebten Cap de creus gegenseitig auf.

Wenn auf der Speisekarte »Tupi« steht, so ist damit ein Ton-Henkeltöpfchen gemeint, in dem meistens eine Art Eintopf serviert wird. »Tupi de pescades de rola« ist daher ein Fischtopf. Frischfische, vor allem die mit festem Fleisch mochte Dalí besonders gerne. Oftmals aß er mit den Fischern am Cap de creus einen Fischertopf, den niemand besser nachkochen konnte als Josef Mercader, dessen Rezept hier wiedergegeben werden kann.

BOHNENSUPPE
»Olla fresca«

100 G GETROCKNETE DICKE BOHNEN
1 ZWIEBEL • 1 KNOBLAUCHZEHE
2 TOMATEN
250 G FRISCHE ROTE BOHNEN
125 G GRÜNE BOHNEN
3 KARTOFFELN • 2 BIRNEN
4 EL OLIVENÖL
2 EL GEWÜRFELTER SPECK
2 LORBEERBLÄTTER
1 KLEINE SCHWEINEBRATWURST
3 FÄDEN SAFRAN
2 EL GERIEBENE BITTERSCHOKOLADE
SALZ • PFEFFER AUS DER MÜHLE
1 MSP. EDELSÜSSES PAPRIKAPULVER
1 MSP. ZIMTPULVER

Die Bohnen über Nacht in Wasser einweichen. Am nächsten Tag abgießen. Zwiebel und Knoblauch schälen, Zwiebel würfeln und Knoblauch zerdrücken. Die Tomaten heiß überbrühen, kalt abschrecken, von den Stielansätzen befreien, enthäuten und in kleine Stücke schneiden.

Rote Bohnen enthülsen, grüne Bohnen putzen und waschen. Beides in Stücke schneiden. Kartoffeln und Birnen schälen und kleinschneiden. Olivenöl erhitzen, die Zwiebel darin andünsten, dann Knoblauch, Tomaten und Speck zufügen. 2 Liter Wasser angießen, Lorbeerblätter beifügen. Das Ganze etwa 30 Minuten köcheln lassen.

Die Bratwurst in dünne Scheiben schneiden. Alle Bohnensorten, Kartoffeln, Birnen und Bratwurst in den Topf geben und das Ganze etwa 30 Minuten kochen lassen. Etwas heiße Brühe abnehmen, Safran und Schokolade darin auflösen und die Mischung in die Suppe geben. Mit Salz, Pfeffer, Paprikapulver und Zimt abschmecken.

KANINCHEN-KALTSCHALE
»Terrina fria de conejo«

Für 8 Personen

ENTBEINTES FLEISCH VON
2 KANINCHEN À CA. 1 KG
2 EL GEHACKTE SCHALOTTEN
1 GEHACKTE KNOBLAUCHZEHE
1 EL GEHACKTE PETERSILIE
3 PFEFFERMINZZWEIGE
100 ML TROCKENER WEISSWEIN
16 BLÄTTER WEISSE GELATINE
1 L FLEISCHBRÜHE

Das Kaninchenfleisch waschen, trockentupfen und in etwa 3 cm dicke Scheiben schneiden. Schalotten, Knoblauch, Petersilie, Pfefferminze und Weißwein in einer tiefen Form aus Porzellan vermischen. Die Fleischstücke hineinlegen, gründlich in der Marinade wenden und dann 10 Stunden zugedeckt durchziehen lassen.

Den Backofen auf 160 °C vorheizen. Die Gelatine in kaltem Wasser einweichen. Die Brühe erhitzen. Die Gelatine ausdrücken, in die Brühe geben und darin auflösen. Beiseite stellen. Das marinierte Kaninchenfleisch schichtweise in eine Terrine legen, dabei etwas zusammendrücken. Mit der Gelatine-Brühe-Mischung übergießen.

Die Terrine mit Aluminiumfolie abdecken und in ein Wasserbad stellen. Sobald das Wasserbad kocht, die Terrine herausnehmen, in den Ofen geben und 1 Stunde und 30 Minuten garen. Herausnehmen, völlig abkühlen lassen und dann für 4 Stunden in den Kühlschrank stellen. Die Kaninchenterrine vor dem Servieren in Scheiben schneiden. Zusammen mit Tomaten anrichten.

FISCHTOPF
»Tupi de pescados de roca«

1 KG FILETS VON ADLERFISCH, SEEBARSCH,
ZAHNBRASSE, ST. PETERSFISCH UND
STEINBUTT
AUSGELÖSTES SCHWANZFLEISCH VON
1 LANGUSTE
1 ZWIEBEL • 1 KNOBLAUCHZEHE
1 STANGE LAUCH • 3 MÖHREN
2 TOMATEN • 2 EL OLIVENÖL
2 GRÜNE PFEFFERKÖRNER
1 BUND SUPPENGRÜN AUS ½ LAUCHSTANGE,
½ MÖHRE, 1 ZWEIG THYMIAN, 1 SCHEIBE
SELLERIE, 1 STÜCK FENCHEL
2 L FISCHFOND AUS DEM GLAS
SALZ • PFEFFER AUS DER MÜHLE
EINIGE SAFRANFÄDEN
4 EL GEHACKTE PETERSILIE
150 G SAHNE
2 EL GRÜNE OLIVEN OHNE STEIN

74

Die Fischfilets kalt abspülen, trockentupfen und von eventuellen Gräten befreien. In mundgerechte Stücke schneiden. Langustenfleisch grob würfeln. Zwiebel und Knoblauch abziehen, beides fein hacken. Lauch putzen, waschen und in grobe Ringe schneiden. Möhren schälen und in Stücke schneiden. Tomaten heiß überbrühen, enthäuten, von den Stielansätzen befreien, entkernen und würfeln.

Olivenöl in einem Topf erhitzen, Zwiebel, Lauch und Pfefferkörner darin andünsten. Knoblauch und Tomaten zufügen. Das Ganze offen etwa 10 Minuten kochen lassen. Inzwischen das Suppengrün putzen und waschen, dann wieder mit Küchengarn zusammenbinden. Den Fischfond in den Topf gießen. Fischstücke und Suppengrün dazugeben. Salzen, pfeffern und das Ganze bei mittlerer Hitze etwa 10 Minuten köcheln lassen, bis die Fische gar sind. 5 Minuten vor Ende der Garzeit das Langustenfleisch zufügen. Das Suppengrün herausnehmen.

Safran und Petersilie in einem Mörser zu einer Paste verarbeiten. Die Paste mit der Sahne vermengen, die Mischung unter die kochende Suppe ziehen. Diese eventuell nochmals salzen und sofort servieren. Zum Schluß die Oliven einlegen.

ZIEGENFRISCHKÄSE MIT KARAMELHONIG

»Queso fresco con miel caramelitado«

150 G ZUCKER	
100 G HONIG	
150 G ZIEGENFRISCHKÄSE	

Zucker, Honig und 100 ml Wasser in einen Topf geben. Langsam erhitzen, dann unter Rühren kochen lassen, bis sich der Zucker vollständig aufgelöst hat und Karamel entstanden ist.

Die Masse auf einem Backblech dünn verstreichen und vollständig abkühlen lassen. Anschließend die Karamelplatte in Stücke brechen. Den Frischkäse in Scheiben schneiden und mit dem gebrochenen Karamelhonig belegen.

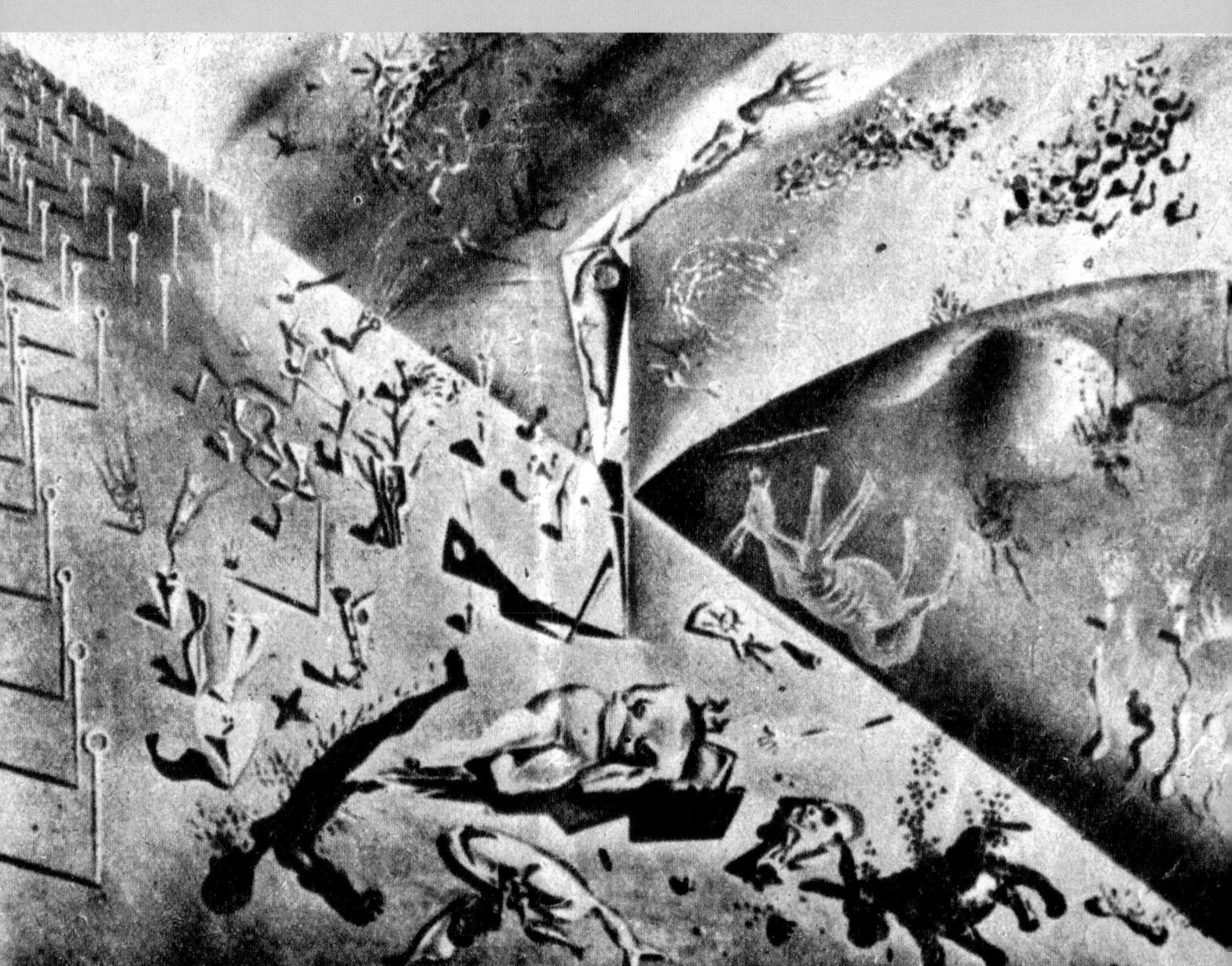

»Honig ist süßer als Blut« (1927),
Verbleib des Originals unbekannt

MENÜ À LA LYDIA NANDOS

THYMIANSUPPE
ARTISCHOCKENSALAT
ZAHNBRASSE
KÄSETERRINE MIT MÖHREN-VINAIGRETTE
Nachgekocht von Thomas Bomrich, Hotel »Palatin«, Wiesloch

An die verrückte Fischerwitwe Lydia Nandos oder Nogues, der sich Dalí sehr verbunden fühlte, soll das nächste Menü erinnern. Er kaufte von ihr und ihren beiden Söhnen 1930 die Fischerhütte von Portlligat, aus der im Verlauf der Jahre sein Wohn- und Atelierhaus entstand.

Nach der Thymiansuppe, »eine der besten und gesündesten Suppen, die es hier gibt«, meint Josep Pla, wird Artischockensalat mit Entenleberpastete serviert. Die Artischocke enthält den Bitterstoff Cynarin, der die Funktion von Galle und Leber fördert. Vielleicht trank Dalí deshalb als Aperitiv gerne ›Cynar‹.

Zahnbrasse stellt das Hauptgericht dieses Menüs dar. Dalí schrieb über die Zubereitung des Fisches:

> Wie niemand sonst konnte Lydia ›Riz de Langouste‹ und ›dento‹ (dento, ein Fisch, dessen Fleisch so saftig ist, daß die Fischer in ihm das Schwein des Meeres sehen) zubereiten – wahrhaft homerische Gerichte. Für das letzte Gericht hatte sie ein Kochrezept, das eines Aristophanes würdig war. Sie pflegte zu sagen: ›Für dento a la minera braucht man die verschiedensten Leute – einen Irren, einen Geizhals und einen Verschwender. Der Irre muß das Feuer schüren, der Geizhals das Wasser zugießen und der Verschwender das Öl! Denn um das Gericht schmackhaft zuzubereiten, braucht man ein starkes Feuer und eine Menge Öl, wohingegen Wasser nur sehr spärlich verwendet werden durfte.‹ [1]

ARTISCHOCKEN–SALAT

»Ensalada de alcachofas«

Für den Salat:

16 FRISCHE ARTISCHOCKENBÖDEN

SALZ

50 ML ZITRONENESSIG

Für die Vinaigrette:

1 TL MITTELSCHARFER SENF

1 TL ZITRONENESSIG

5 EL OLIVENÖL

PFEFFER AUS DER MÜHLE

Außerdem:

250 G ENTENLEBERPASTETE

Die Artischockenböden vom faserigen Flaum, dem »Heu«, befreien und waschen. Reichlich Salzwasser zusammen mit dem Zitronenessig zum Kochen bringen. Die Artischockenböden darin etwa 35 Minuten garen. Anschließend abgießen, abtropfen und abkühlen lassen.

Den Backofengrill vorheizen. Die Böden in Blätter teilen und auf 4 Tellern fächerförmig auslegen. Für die Vinaigrette alle Zutaten im Mixer mischen. Die Artischockenblätter damit beträufeln. Danach die Entenleberpastete in Scheiben zu 60 g pro Person schneiden, auf den Grill legen, bis sie dessen Zeichnung haben und auf die Artischockenböden verteilen.

THYMIANSUPPE

»Sopa de tomillo«

1 KNOBLAUCHZEHE

200 G WEISSBROT, IN SCHEIBEN

4 EL OLIVENÖL

1 L GEFLÜGELBRÜHE

2 ZWEIGE THYMIAN

SALZ

2 EIER

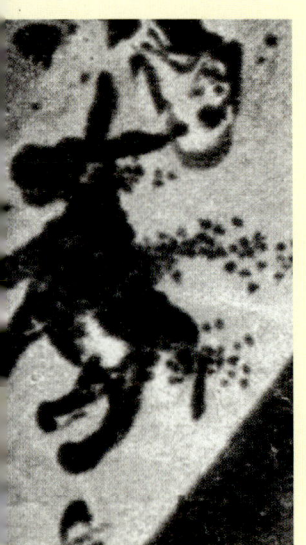

Die Knoblauchzehe abziehen. Die Weißbrotscheiben toasten und anschließend grob würfeln. Das Olivenöl in einem Topf erhitzen und die Knoblauchzehe darin goldbraun werden lassen. Das Brot zugeben und einige Male umrühren.

Die Brühe, Thymian und Salz nach Geschmack zufügen. Auf kleiner Flamme etwa 10 Minuten köcheln lassen, bis die Brühe leicht eingedickt ist. Die Eier verquirlen. Die Suppe vom Herd nehmen und die Eier rasch unterziehen, damit das Eiweiß nicht stockt. Sofort servieren.

ZAHNBRASSE

»Dentón«

2 GROSSE GRÜNE PAPRIKASCHOTEN

2 GROSSE ROTE PAPRIKASCHOTEN

6 VOLLREIFE TOMATEN

2 ZWIEBELN

3 KNOBLAUCHZEHEN

8 EL OLIVENÖL

SALZ • PFEFFER AUS DER MÜHLE

4 ZAHNBRASSENFILETS À CA. 200 G

200 ML TROCKENER WEISSWEIN

3 EL GEHACKTE PETERSILIE

Den Backofen auf 200 °C vorheizen. Die Paprikaschoten waschen, tropfnaß auf ein Blech setzen und im Ofen garen, bis die Haut Blasen wirft und sich braun verfärbt. Herausnehmen, in eine Schüssel legen, zudecken und nachdämpfen lassen. Dann die Haut abziehen, die Schoten entkernen und fein würfeln. Die Tomaten oben über Kreuz einschneiden, auf einer Schaumkelle einzeln für einige Sekunden in kochendes Wasser halten, dann kalt abschrecken. Die Früchte von den Stielansätzen befreien, enthäuten, entkernen und das Fruchtfleisch in kleine Stücke schneiden. Zwiebeln und Knoblauch abziehen, Zwiebeln fein hacken, Knoblauch durchpressen. Olivenöl in einem Topf erhitzen und die Zwiebeln darin in 8 bis 10 Minuten glasig dünsten. Den Knoblauch und die Tomaten zufügen, salzen, pfeffern und unter Rühren 10 Minuten köcheln lassen. Inzwischen die Fischfilets waschen, trockentupfen und mit Salz sowie Pfeffer würzen.

Den Fisch und die Paprikaschoten in den Topf geben, mit dem Wein aufgießen. Das Ganze etwa 15 Minuten köcheln lassen, bis der Fisch gar ist. Die Fischfilets zusammen mit der Paprikasauce servieren und mit Petersilie bestreuen.

KÄSETERRINE MIT MÖHREN–VINAIGRETTE

»Terrina de queso con vinagreta de zanahoria«

Für die Vinaigrette:

4 MÖHREN

SALZ

1 TL MITTELSCHARFER SENF

2 EL OLIVENÖL

1 EL SHERRYESSIG

PFEFFER AUS DER MÜHLE

Für die Käseterrine:

4 ALUFÖRMCHEN

1 EL WEICHE BUTTER

2 BÜFFEL-MOZZARELLA

250 G GÄNSELEBERPASTETE

Für die Vinaigrette die Möhren schälen, in Stücke schneiden und in Salzwasser weich garen. Anschließend abgießen, pürieren und mit den restlichen Zutaten für die Vinaigrette gründlich vermischen.

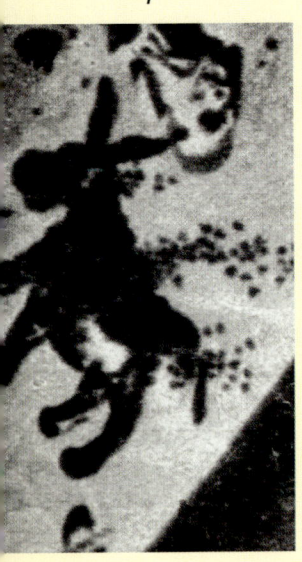

Die Aluförmchen mit Butter ausfetten, den Käse und die Gänseleberpastete in Scheiben schneiden und abwechselnd in die Förmchen schichten, dabei jede Schicht salzen und pfeffern. Die Förmchen mit Folie abdecken und 10 Minuten im warmen Wasserbad garen. Die Vinaigrette jeweils als Spiegel auf 4 Teller gießen. Die Käseterrine vorsichtig aus den Förmchen lösen und jeweils in die Mitte setzen. Nach Belieben mit geschnitzten Figuren aus rohen Möhren garnieren.

84

»Der Thunfischfang« (1966-67
Stiftung Paul Ricard, Ile de Bondor, Frankreic

MENÜ À LA RAMÓN PITCHOT

EINTOPF KATALAN
THUNFISCHTATAR MIT AUBERGINENKAVIAR
RINDFLEISCH À LA MODE
SÜSSE TAPAS

Nachgekocht von Peter Winkler, Kur- und Berghotel »Maibrunn«, St. Englmar/Bayerischer Wald

Das folgende Menü ist Ramón Pitchot gewidmet (zu Dalís Jugendzeit ein bedeutender Maler Kataloniens), in dessen ›Muli de la torre‹ bei Figueres Dalí seine ersten Malversuche konkretisierte und dessen Familie – die bereits mit seinen Eltern befreundet war – ihm ständig zur Seite stand. Antoni Pitxot (heutige Schreibweise) war bis zu Dalís Tod wohl sein engster Vertrauter und ist jetzt Präsident der Gala-Salvador Dalí-Stiftung in Figueres. Die Familie Pitxot lebt heute noch in Cadaqués.

Als eine grandiose Vorspeise ist wohl das Thunfischtatar mit Auberginenkaviar zu bezeichnen. Salvador Dalí zeigt in einem seiner bewegendsten und kraftvollsten Bilder den Thunfischfang. An diesem gleichnamigen Gemälde arbeitete er von 1966-67. Es scheint so, als habe er hier alle ihm zur Verfügung stehenden bildnerischen Ausdrucksmittel vereint. Es ist ein dynamisches, grauenhaftes Sujet, dem sich Dalí widmete. Die Szenen stellen keine Utopie dar, sondern zeigen den Thunfischfang, wie man ihn bis 1965 im Ampurdán, und zwar in der Bucht Playa de la Almadraba bei Roses, praktizierte.

EINTOPF KATALAN
»Olla podrida catalana«

150 G SCHWEINEBAUCH
....
4 SCHWEINEBRATWÜRSTE
....
250 G GRÜNE BOHNEN • 1 TOMATE
....
200 G KARTOFFELN
....
4 KNOBLAUCHZEHEN• 3 EL OLIVENÖL
....
PFEFFER AUS DER MÜHLE • SALZ
....
1 ZWEIG OREGANO
....
PETERSILIE ZUM GARNIEREN

Den Schweinebauch würfeln, die Bratwürste in Scheiben schneiden. Die Bohnen putzen, waschen und halbieren. Die Tomate oben über Kreuz einschneiden, auf einer Schaumkelle für einige Sekunden in kochendes Wasser halten, dann kalt abschrecken. Vom Stielansatz befreien, enthäuten, entkernen und das Fruchtfleisch in kleine Stücke schneiden.

Die Kartoffeln schälen und würfeln. Die Knoblauchzehen abziehen und fein hacken. Das Olivenöl in einem Topf erhitzen und Knoblauch, Schweinebauch sowie Bratwürste darin anbraten. Die Tomate zufügen. Dann Bohnen und Kartoffeln einrühren. Alles einmal aufkochen lassen, dann 1 Liter Wasser angießen, pfeffern, salzen und den Oregano dazugeben.

Den Eintopf etwa 30 Minuten köcheln lassen. Nochmals mit Salz und Pfeffer abschmecken. Mit Petersilie garnieren.

THUNFISCHTATAR MIT AUBERGINENKAVIAR
»Tátaro de atún con caviar de berenjenas«

2 AUBERGINEN • SALZ
....
1 KNOBLAUCHZEHE
....
2 KANDIERTE SARDELLEN
....
8 EL OLIVENÖL
....
1 EL ZITRONENSAFT
....
650 G THUNFISCHFILET
....
1 TL MITTELSCHARFER SENF
....
2 FRISCHE EIGELBE
....
1 EL WEINESSIG
....
1 HART GEKOCHTES EI
....
½ FEINGEHACKTE ZWIEBEL
....
2 EL TROCKENER SHERRY
....
2 EL FEINGEHACKTE PETERSILIE
....
PFEFFER AUS DER MÜHLE

Die Auberginen putzen, waschen und halbieren. Jede Hälfte mehrmals leicht einschneiden und die Schnitte mit Salz bestreuen, damit die Auberginen Saft und Säure abgeben. Den Backofen auf 180 °C vorheizen und die Auberginen etwa 1 Stunde darin garen. Erkalten lassen und dann das Fleisch mit einem Eßlöffel herausschälen. Den Knoblauch schälen und durchpressen, die Sardellen fein hacken. Beides zusammen mit dem Auberginenfleisch pürieren, dabei die Hälfte des Öls und den Zitronensaft hinzufügen.

Den Thunfisch mit einem scharfen Messer sehr fein schneiden. Senf, Eigelbe, Essig und restliches Öl in einer Schüssel verquirlen. Geschnittenen Thunfisch, danach den Auberginenkaviar, das harte Ei, die Zwiebel, den Sherry und die Petersilie hinzugeben. Alles gründlich vermischen und zum Schluß mit Salz und Pfeffer abschmecken.

88

RINDFLEISCH À LA MODE

»Buey a la mode«

Für 6 Personen

1,5 KG RINDERFILET

SALZ

PFEFFER AUS DER MÜHLE

3 GEWÜRZNELKEN

500 ML TROCKENER WEISSWEIN

500 ML MADEIRA

200 G SPECKWÜRFEL

4 EL SCHWEINESCHMALZ

1 KG KALBFLEISCH AUS DER HAXE

1 ZWIEBEL

250 G MÖHREN

1 SCHUSS COGNAC

1 KLEINES KRÄUTERBUND
(PETERSILIE, THYMIAN UND LORBEER)

1 L FLEISCHBRÜHE

90

Das Rinderfilet kalt abspülen, trockentupfen, mit Salz und Pfeffer einreiben und mit den Nelken spicken. In eine Porzellanform legen, mit 400 ml Weißwein und 400 ml Madeira übergießen und 24 Stunden lang durchziehen lassen.

Herausnehmen, abtropfen lassen und mit den Speckwürfeln spicken. Die Marinade beiseite stellen. Schweineschmalz in einer Kasserolle erhitzen. Das Fleisch darin kräftig anbraten, dann bei mittlerer Hitze etwa 20 Minuten garen.

Inzwischen das Kalbfleisch in dicke Scheiben schneiden. Zwiebel und Möhren schälen, Zwiebel hacken, Möhren fein raspeln. Das Fleisch mit dem Cognac begießen, diesen vorsichtig anzünden und flambieren. Danach Kalbfleisch, Möhren, Zwiebel und Kräuter dazugeben.

Brühe, restlichen Weißwein, restlichen Madeira und die Marinade angießen. Das Ganze mit Salz und Pfeffer abschmecken und zugedeckt bei kleiner Flamme 1 Stunde und 30 Minuten köcheln lassen. Das Fleisch herausnehmen, von Speckwürfeln und Nelken befreien, filetieren und zusammen mit Kalbfleisch und etwas Sud anrichten. Dazu passen Salzkartoffeln und ein Möhren-Zucchini-Gemüse.

SÜSSE TAPAS

»Tapas dulcas«

100 ML BRAUNER RUM

ABGERIEBENE SCHALE VON

1 UNBEHANDELTEN ZITRONE

6 KAFFEEBOHNEN

1 ZIMTSTANGE

8 MADELEINES (GEBÄCK AUS

BUTTER-EIER-TEIG, FERTIGPRODUKT)

80 ML ESPRESSOKAFFEE

1 KG SAHNE

GRANATÄPFEL ZUM GARNIEREN

Den Rum zusammen mit der
Zitronenschale, den Kaffeebohnen und der
Zimtstange in einer Pfanne erhitzen.
Vorsichtig anzünden und flambieren.

Sobald die Flamme nachläßt, die
Madeleines, den Espressokaffee und die
Sahne dazugeben. Die Flüssigkeit auf die
Hälfte einkochen lassen. Die Zimtstange
entfernen und das Ganze servieren.
Granatäpfel in Scheiben schneiden und das
Dessert damit garnieren.

»Fischer von Portlligat seine Netze flickend« (1968,
Privatbesit

MENÜ À LA JOSEP PLA

BOHNENSALAT MIT MINZE
SÜSSE SCHWEINEFLEISCHTERRINE
HASE AUF KÖNIGLICHE ART
MEERBARBEN MIT SARDELLEN
MINZSORBET
Nachgekocht von Maurice de Boer, Restaurant »Gala«, Aachen

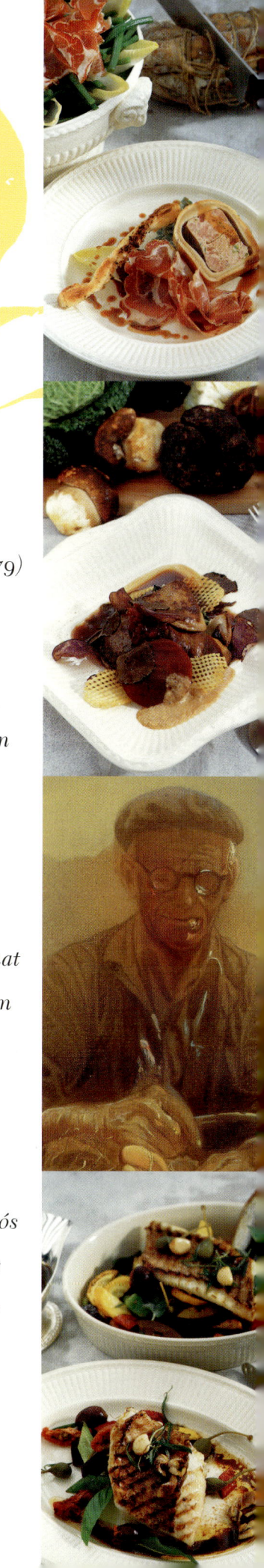

Josep Pla, der Dichter und Verfechter historischer Traditionen (gestorben 1979) war einer der besten und ehrlichsten Freunde Dalís. Josef Mercader widmete ihm das Gericht ›Hase auf königliche Art‹.

Pla lebte im Sommer auf seinem Landsitz La Bisbad und im Winter im Hotel ›Emporda‹. Dort schrieb er viele seiner Bücher, darunter 1942 den berühmten Titel ›Die Autobusreise‹, der auch ins Deutsche übersetzt wurde.

Eine Porträtzeichnung Plas von Josep Martinell, die in einer Kaminecke des ›Emporda‹ hängt, erinnert an Plas Aufenthalt im Hotel.

Hase war das absolute Lieblingsgericht von Josep Pla. Niemand, so sagte er, hat ihn in Katalonien so gut zubereitet wie Josef Mercader. Das Fleisch mußte vom Knochen fallen, und nicht fast roh serviert werden, wie es in den meisten Lokalen üblich war. Diesen königlichen Hasen ›Liebre à la Royal‹ bekommt man heute noch nach altem Rezept in den Restaurants ›Emporda‹ und ›Almadraba‹. Wenige Meter vom Hotel »Emporda« starb Dalí am 23. Januar 1989 im Krankenhaus von Figueres. Salvador Dalí bestand darauf, daß Subirós seine Lieblingsspeisen püriert in die Klinik nach Barcelona und in den »Torre Galatea« schickte, in dem er bis kurz vor seinem Tod wohnte. Ein Minzsorbet war die letzte Speise, die Dalí zu sich nahm, bevor er nur noch künstlich ernährt werden konnte.

SÜSSE SCHWEINE-FLEISCHTERRINE

»Terrina de ›Pevada‹ Ampurdanesa«

Für 8–10 Personen

3 Schweinefüsse • 1 Schweineschwanz

1 Schweineohr

1 Knollensellerie • 1 Möhre

1 Stange Lauch • Salz

750 ml spanischer Schaumwein (Cava)

1 Schweinebacke • 8 EL Olivenöl

10 Eier • 200 g Sahne

Pfeffer aus der Mühle

1 Prise Muskatnuss • 3 EL Zucker

1 Schuss Sherryessig

1 Kopf Weisskohl

¼ L Essig

Schweinefüße, -schwanz und –ohr 2 Minuten blanchieren. Dann abgießen. Sellerie und Möhre schälen und kleinschneiden. Lauch putzen, waschen und vierteln. 1,5 Liter Salzwasser erhitzen. Schweineteile, Gemüse sowie Schaumwein hinzufügen und das Ganze etwa 1 Stunde und 45 Minuten kochen lassen. Die Schweinebacke in 2 Eßlöffeln Olivenöl braten. Die Schweineteile abgießen, das Fleisch ablösen und durch den Fleischwolf drehen. Die Schweinebacke durch den Fleischwolf drehen. Das Fleisch mit Eiern, Sahne, Gewürzen, Zucker und Sherryessig vermengen. Mit Salz würzen und in eine feuerfeste Form geben, die Form verschließen. Den Ofen auf 120 °C vorheizen. Die Fettpfanne des Ofens mit heißem Wasser füllen, die Form hineinstellen und die Terrine etwa 1 Stunde und 30 Minuten garen. Den Kohl in Blätter teilen, diese in einer Mischung aus Salzwasser und drei Viertel des Essigs garen. Mit restlichem Essig, restlichem Öl, Salz und Pfeffer marinieren. Alles zusammen servieren.

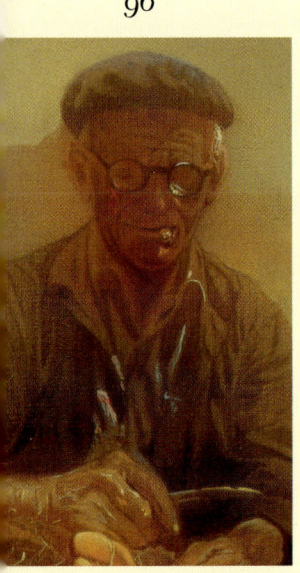

BOHNENSALAT MIT MINZE

»Ensalada de habas frias a la menta«

600 g junge, grüne Bohnen

Salz

1 Zweig Pfefferminze

1 Kopfsalat

1 Scheibe roher Schinken

4 EL Öl • 2 EL Sherryessig

1 TL Senf

1 Msp. Zucker

1 EL gehackte Pfefferminze

Die Bohnen putzen, waschen und halbieren. In Salzwasser bißfest kochen, dabei den Pfefferminzzweig hinzufügen Während die Bohnen kochen den Kopfsalat putzen, in einzelne Blätter teilen, waschen und trockenschleudern. Anschließend die Blätter in Streifen schneiden.

Den Schinken in schmale Streifen schneiden. Die Bohnen abgießen, gut abtropfen und abkühlen lassen. Öl, Sherryessig, Senf, Zucker und Pfefferminze zu einer Marinade verrühren. Mit Salz würzen. Die Bohnen in einer Schüssel mit dem Salat und dem Schinken vermischen. Die Marinade darübergießen und alles vorsichtig vermischen.

HASE AUF KÖNIGLICHE ART

»Liebre a la Royal«

Den Hasen waschen. Lunge, Herz und Leber ebenfalls waschen und beiseite legen. Gänseleber, Schweinefilet, Hühnerlebern und Speck durch die feine Scheibe eines Fleischwolfes drehen. Die Masse in eine Schüssel geben und darin mit Pinienkernen, Eiern und Kräutern vermischen.

Die Trüffel fein hobeln und untermischen. Den Armagnac in einen tiefen Teller gießen, vorsichtig anzünden, kurz flambieren und dann zur Füllung geben. Diese mit Salz und Pfeffer würzen und dann den Hasen damit füllen. Die Körperöffnung mit Küchengarn zubinden. Den Hasen mit den Speckscheiben umwickeln und diese mit Küchengarn fixieren.

Die Zwiebeln schälen und vierteln. Hasenklein und –knochen kurz blanchieren, dann abgießen und in einen großen Topf geben. Zwiebeln, Kalbsfond, Rotwein und Kräuter hinzufügen. Den gefüllten Hasen dazugeben und das Ganze bei milder Hitze etwa 4 Stunden köcheln lassen.

Etwa 30 Minuten vor Ende der Garzeit Lunge, Herz und Leber des Hasen zufügen und mitgaren. Den Hasen herausnehmen, von Küchengarn und Speckscheiben befreien und warm stellen. Die Innereien ebenfalls herausnehmen und pürieren. Den Fond durch ein mit einem Tuch ausgelegtes feines Sieb abgießen. Erneut erhitzen und mit Salz und Pfeffer abschmecken. Das Innereienpüree einrühren. Den Topf vom Herd nehmen, die Eigelbe unterziehen und die Sauce damit binden. Den Hasen in Portionen teilen und zusammen mit der Sauce servieren. Nach Belieben Rote-Bete-Gemüse dazu reichen.

MEERBARBEN MIT SARDELLEN

»Salmonetes al perfume de Anchoas«

8 Meerbarbenfilets
4 Sardellenfilets aus dem Glas
1 L Olivenöl
300 ml frisch gepresster Orangensaft
Salz • Pfeffer aus der Mühle

Die Fischfilets kalt abspülen, trockentupfen und in einer flachen Form nebeneinander legen. Die Sardellenfilets kurz kalt abspülen und dann in eine Schüssel geben. Olivenöl, Orangensaft, Salz (vorsichtig salzen, die Sardellen sind bereits sehr salzig) sowie Pfeffer hinzufügen und alles vermengen.

Das Ganze über die Fischfilets gießen und die Meerbarben etwa 3 Stunden im Kühlschrank marinieren lassen. Vom Öl etwa 4 Eßlöffel abnehmen und in einer Pfanne erhitzen. Die Fischfilets aus der Marinade nehmen, abtropfen lassen und im Öl pro Seite etwa 2 Minuten braten. Dann herausnehmen und warm stellen. Nun die Marinade in die Pfanne gießen. Die Sardellen mit einer Gabel zerdrücken und die Flüssigkeit einkochen lassen. Die Sauce über die Meerbarben gießen und alles servieren. Zusammen mit Oliven, frischen Kräutern und Paprikagemüse anrichten.

MINZSORBET

»Sorbete de menta«

Für 8 Personen

4 unbehandelte Zitronen
350 g Zucker
1 grosser Zweig Pfefferminze
Pfefferminze zum Garnieren

Die Zitronen heiß abwaschen, trockenreiben und jeweils die Schale fein abreiben. Die Früchte auspressen. 2 Liter Wasser zusammen mit der Zitronenschale und dem Zucker erhitzen. Unter Rühren so lange kochen lassen, bis eine sirupartige Masse entstanden ist (die Masse sollte beim Eintauchen eines Löffels Fäden ziehen).

Den Topf vom Herd nehmen, die Pfefferminze in die Zuckermasse legen und das Ganze 5 Minuten ziehen lassen. Dann in 2 bis 3 Stunden vollständig erkalten lassen. Mit einem Schneebesen den Zitronensaft unterrühren. Die Masse in eine Schale aus Metall geben und das Sorbet im Gefrierfach in 3 bis 4 Stunden gefrieren lassen. Dabei mehrmals durchrühren, damit sich keine Eiskristalle bilden. Zum Servieren mit einem Eisportionierer Kugeln abstechen. Diese in vorgekühlte Dessertgläser füllen. Alles mit Pfefferminze garnieren.

»Die Beständigkeit der Erinnerung« (1931),
Museum of Modern Art, New York

CAMEMBERT LÄU[F]
ZERRINNENDER ZE[IT]

Dalís Frau Gala war nicht sparsam, sondern geizig. Dies stellten viele ihrer Freunde fest. Sie genoß große Soupers auf Kosten anderer und dachte nicht daran Gegeneinladungen auszusprechen. Wenn sie Gäste in Portlligat bewirtete, dann holte sie alle Reste zusammen und kochte aus Sparsamkeitsgründen meistens selbst. Im Haus, wie auch sonst, dominierte Gala. Mrs. Nichols, eine Bewunderin des Meisters stellte fest: »Ich habe nie einen Mann gesehen, der so sehr von seiner Frau beherrscht wurde. Mitten beim Essen bemerkte man plötzlich, wie er kleine Zettel mit Mitteilungen studierte, die sie ihm zugesteckt hatte. Oder er drehte sich zu ihr und fragte: ›Was soll ich sagen – was soll ich sagen?‹« [3]

»Sie war eine Hexe«, meinte Fürst Faucigny-Lucinge, »aber eine attraktive Hexe. Sie hatte Haare auf den Zähnen. Eine schlaue und ehrgeizige Frau mit einer Menge gesunden Menschenverstand … Sie war hart, ohne ein Atom von Gefühl gleich welcher Art. Hart und herzlos.« [3]

Das war auch meistens der Grund, weshalb es viele Hausangestellten nur kurz bei ihr aushielten. Die Köchin Paquita Llorens schaffte es allerdings, über beider Tod treu zu sein, denn sie war 1998 noch immer im Haus in Portlligat tätig. Die bescheidene, doch stolze Katalanin weiß, was sie will. Keinesfalls wollte sie sich in-

T NACH

tervie wen, geschweige denn fotografieren lassen. Dalís Hausgerichte gab sie an
einen Mann ihres Vertrauens, Francisco Vergés, weiter, der sie mir übermittelte.
Dalí aß zu Hause keine Menüs. Schon am Vormittag liebte er Spiegeleier oder
Sardellen in Öl:

> »Damals hatte ich eine Leidenschaft für Olivenöl«, schreibt er. »Ich nahm es
> mit allen möglichen Speisen zu mir. Frühmorgens tauchte ich meinen Toast in
> Öl, in dem Sardellen schwammen. Es blieb eine ganze Menge auf dem Teller
> zurück, ich trank es gleich hinterher wie ein köstliches Naß. Die letzten
> Tropfen goß ich dann auf den Kopf und die Brust. Ich rieb mein Haar und den
> Körper damit ein. Mein Haar wuchs wieder stärker und so dicht, daß alle mei-
> ne Kämme zerbrachen.« [1]

Spiegeleier wurden nicht nur zu einem Symbol in Dalís Kunst, sondern verkör-
perten für ihn unendlich viele Bedeutungen: »In der Tat, wenn Sie mich fragen,
wie es darin [Mutterleib] war, antworte ich sofort: Es war göttlich, es war das
Paradies. Aber wie sah dieses Paradies aus?... Das ... Paradies hatte die Farben
der Hölle, das heißt Rot, Orange, Gelb, Bläulich, die Farbe von Flammen, von
Feuer; vor allem war es warm, unbeweglich, weich, symmetrisch, doppelt und

klebrig. Schon damals lag für mich die Lust, alle Verzauberung in den Augen, und die herrlichste, die auffälligste Vorstellung war die von zwei in einer Pfanne gebratenen Eiern ohne die Pfanne; wahrscheinlich ist darauf jene Verwirrung, jene Erregung zurückzuführen, die ich seitdem für den Rest meines Lebens in Gegenwart dieses fortwährend halluzinatorischen Bildes verspüre.« [1]

Dalís Lieblingseintopf war ›Habas à la Catalana‹, ein deftiger Bohneneintopf, den ihm Paquita nach seinem Geschmack zubereitete. In einem Vorwort zur Ausstellung seiner Werke in Paris 1933, das in Form eines Briefes an André Breton gerichtet ist, schreibt er:

»… Hier kann ich , mein lieber Breton, nur noch an das Mittagessen in diesem Frühling in Portlligat erinnern. Es gab die ersten zarten Bohnen des Jahres, feine und süße Bohnen, mit Lorbeer und Kakao usw. gewürzt. Es ist ein deftiges Gericht, und dieses deftige Gericht, in Portligat verspeist, gerade zu diesem hypersensitiven Zeitpunkt des Jahres, mit seiner vollkommenen atmosphärischen Transparenz, mit der kleinen, zarten Sonne und dem nackten und kalten Hintern Galas neben mir, wurde zu einem der wichtigsten Dinge auf dieser Welt …« [4]

Dalis Haus
Portllig

MENÜ PARA PAQUITA LLORENS

LAMMBRATEN
LANGUSTEN NACH AMERIKANISCHER ART
BOHNEN NACH KATALANISCHER ART
CAMEMBERT
Nachgekocht von Klaus Rech, Restaurant »El Andaluz«, Europa-Park, Rust

Mit dem Bild »Die Beständigkeit der Erinnerung« hat Dalí zum ersten Mal seine ›fließenden Uhren‹ gemalt:

> »Es geschah an einem Abend, als ich mich müde fühlte und leichte Kopfschmerzen hatte, was bei mir äußerst selten vorkommt. Wir wollten mit ein paar Freunden ins Kino gehen, und im letzten Moment beschloß ich nicht mitzugehen; Gala ging, ich aber blieb zu Hause und wollte früh schlafen gehen. Wir hatten zum Abschluß unseres Abendessens einen sehr starken Camembert gegessen, und nachdem alle gegangen waren, blieb ich noch lange am Tisch sitzen und dachte über die philosphischen Probleme des ›Superweichen‹ nach, die der Käse mir vor Augen führte. Ich stand auf, ging in mein Atelier und machte Licht, um noch einen letzten Blick auf das Bild zu werfen, das ich gerade in Arbeit hatte, so wie es meine Gewohnheit ist. Dies Bild stellte eine Landschaft bei Portlligat dar. Ich wußte, daß die Atmosphäre, die zu schaffen mir mit dieser Landschaft gelungen war, als Hintergrund für eine Idee, für ein überraschendes Bild dienen sollte, aber ich wußte noch nicht im mindesten, was es sein würde. Ich wollte schon das Licht ausknipsen, da ›sah‹ ich plötzlich die Lösung. Ich sah zwei weiche Uhren, von denen die eine kläglich über dem Ast des Ölbaums hing.« [1]

LAMMBRATEN

»Carne cocida a la Olla«

1 KNOBLAUCHZEHE
1 LAMMKEULE (CA. 1 KG)
SALZ
PFEFFER AUS DER MÜHLE
1 EL SCHWEINESCHMALZ
1 BUND SUPPENGRÜN
1 ZWIEBEL
375 ML FLEISCHBRÜHE
SAFT VON ½ ZITRONE

108

Den Backofen auf 220 °C vorheizen. Die Knoblauchzehe abziehen, durchpressen und die Lammkeule damit rundherum einreiben. Das Fleisch salzen und pfeffern. In eine feuerfeste Form legen. Das Schmalz erhitzen, über das Fleisch gießen und die Form in den Ofen geben. Die Keule insgesamt etwa 2 Stunden braten.

Suppengrün putzen, waschen und grob hacken. Die Zwiebel schälen und vierteln. Sobald das Fleisch angebraten ist, Suppengrün und Zwiebel zugeben und mitbräunen lassen. Die Fleischbrühe erhitzen und etwa 100 ml davon zugießen, den Bratensatz da-mit loskochen. Die Keule wenden, dann weiter braten und zwischendurch immer wieder mit Bratenfond begießen. Bis zum Ende der Bratzeit ständig etwas Fleischbrühe zugießen. Die Keule herausnehmen und warm stellen.

Den Bratenfond durch ein Sieb in einen Topf gießen und mit der restlichen Fleischbrühe auffüllen. Die Sauce mit dem Zitronensaft abschmecken, noch einmal kräftig aufkochen lassen. Die Keule in Scheiben schneiden und zusammen mit der Sauce servieren. Dazu passen Butterbohnen und Kartoffeln.

LANGUSTEN NACH AMERIKANISCHER ART

»Langosta a la americana«

1 KLEINE SELLERIEKNOLLE

2 MÖHREN • 2 ZWIEBELN

1 BUND PETERSILIE

JE 1 ZWEIG THYMIAN, BASILIKUM

UND SALBEI

2 LORBEERBLÄTTER

1 ZITRONE, IN SCHEIBEN

200 ML TROCKENER WEISSWEIN

4 FRISCHE, GROSSE LANGUSTEN

50 G BUTTER

SALZ • PFEFFER AUS DER MÜHLE

80 ML SPANISCHER BRANDY

1 TL GRÜNE PFEFFERKÖRNER

300 G SAHNE

SAFT VON 4 ORANGEN

3 FRISCHE EIGELB

110

Sellerie, Möhren und Zwiebeln schälen und grob zerkleinern. Die Kräuter waschen. In einem großen Topf 1, 5 Liter Wasser zusammen mit Sellerie, Möhren, Zwiebeln, Kräutern, Lorbeerblättern, Zitronenscheiben und Weißwein zum Kochen bringen. Nach etwa 10 Minuten Kochzeit die Langusten mit dem Kopf voran hineingeben. Das Ganze etwa 25 Minuten kochen lassen. Die Langusten im Sud abkühlen lassen. Dann herausnehmen und halbieren. Jeweils das Fleisch aus Scheren und Schwanz lösen, dabei den dunklen Darm entfernen.

Das Langustenfleisch in dicke Scheiben schneiden. Die Butter in einer Pfanne erhitzen und die Langustenscheiben darin goldgelb braten. Mit Salz und Pfeffer würzen. Mit Brandy ablöschen und das Ganze 10 Minuten ziehen lassen. Das Langustenfleisch herausheben und auf eine Platte geben. Den Fond mit Pfefferkörnern, Sahne und Orangensaft verrühren, 5 Minuten köcheln lassen. Zum Schluß die Eigelbe unterziehen. Die Sauce über das Langustenfleisch gießen. Frisches Toastbrot oder geröstetes Schwarzbrot dazu reichen.

BOHNEN NACH KATALANISCHER ART

»Habas a la Catalana«

2 ZWIEBELN • 1 KNOBLAUCHZEHE

3 TOMATEN • 300 G WEISSE BOHNEN

3 EL OLIVENÖL • 1 EL SCHWEINESCHMALZ

250 G GEPÖKELTER SCHWEINENACKEN

2 LORBEERBLÄTTER • 3 KARTOFFELN

PFEFFER AUS DER MÜHLE

100 ML MILCH

2 EL KAKAOPULVER

3 EL BRAUNER ZUCKER

1 EL GEHACKTE PFEFFERMINZE

112

Zwiebeln und Knoblauch schälen, Zwiebeln vierteln, Knoblauch ganz belassen. Die Tomaten waschen, vom Stielansatz befreien und vierteln. Die Bohnen auspalen und waschen. Das Olivenöl in einem großen Topf erhitzen, das Schweineschmalz hinzufügen und heiß werden lassen. Den Schweinenacken darin von allen Seiten anbraten. Knoblauch, Zwiebeln und Tomaten hinzufügen und das Ganze etwa 5 Minuten schmoren lassen.

Dann mit 1, 5 Liter Wasser ablöschen. Die Bohnen und die Lorbeerblätter zufügen. Das Ganze zugedeckt etwa 30 Minuten köcheln lassen, bis die Bohnen und das Fleisch gar sind. In der Zwischenzeit die Kartoffeln schälen und würfeln. Die Kartoffeln zufügen. Das Ganze nochmals etwa 15 Minuten bei milder Hitze ziehen lassen. Mit Salz und Pfeffer würzen.

Die Milch erhitzen und das Kakaopulver damit glattrühren. Braunen Zucker beigeben und frisch gehackte Minze unterrühren. Die Masse mit dem Bohneneintopf verrühren. Das Fleisch herausnehmen, in Scheiben schneiden und alles zusammen servieren.

CAMEMBERT

»Camembert«

Zum Abschluß französischen Camembert im dritten Reifegrad reichen. Der Käse sollte vor dem Servieren mindestens 3 Stunden bei Zimmertemperatur ruhen.

»Bildnis Galas mit zwei Lammkoteletts im
Gleichgewicht auf der Schulter« (1933)
Teatre-Museu, Figueres

Carlos Lozano (geb. 1947 in Kolumbien) war einst ein Super-Hippie, der zum Hofstaat Dalís gehörte.

Dalí lernte den Mann mit den langen dunklen Haaren in Paris kennen, wo er in dem Musical »Hair« auftrat. Er gefiel ihm. Obwohl Gala gegen Carlos war, der damals aussah wie ein »Mädchen aus Tahiti«, lud ihn Dalí nach Portlligat ein.

Schließlich stand Carlos für den Meister Modell, engagierte Leute für die erotischen Happenings und verrichtete kleine Sekretariatsarbeiten. 1979 bezeichnete ihn der »*Stern*« als »Intimus« Dalís. Dalí gefiel die sexuelle freizügige Subkultur der 60er

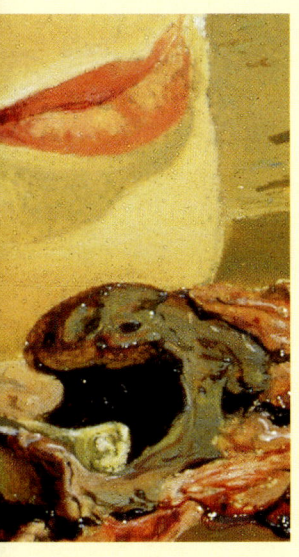

116

Carlos Lozan
imitiert Dalís Ar
Koteletts zu esse

Jahre, obwohl er dem Drogenkonsum keine Sympathien abgewinnen konnte. Er mußte sein Bewußtsein nicht erweitern. Er praktizierte jahrelang die »paranoisch-kritische Methode«. Würde er Drogen nehmen, fürchtete er um seine Intelligenz.

Carlos Lozano lebt heute in Cadaqués und hat eine gediegene gutgehende Kunstgalerie. Man sieht ihm nicht mehr an, daß er einstmals das »Vorzeige-Blumenkind« war, dem Dalí in seinem Hofstaat den Namen »La Violetera«

R DALÍ

gab, in Anlehnung an Warhols Freundin Ultra Violet, die in Wirklichkeit Gräfin Isabel von Bayern hieß, und die Dalí schätzte. Bei vielen kleinen und großen Reisen begleitete ihn Carlos Lozano, so auch 1973 nach Barcelona, wo sie in Dalís Lieblingsrestaurant »Via Veneto« tafelten.

Zwei Jahre später sprengte man den Stuhl, auf dem Dalí in dem Restaurant immer zu sitzen pflegte, in die Luft, da Dalí die Hinrichtung von baskischen Terroristen durch Franco begrüßte. Seit diesem Zwischenfall hatte Dalí Angst, daß man ihn ermorden würde und vermied so oft er konnte Restaurantbesuche. Wenn er nicht umhin kam, so benutzte er die Hintertüre und sein Chauffeur mußte die Gerichte vorkosten.

Zurück in das Jahr 1973. Dalí bestellte im »Via Veneto« ein Menü nach seinem Geschmack. Lozano aber, der zur damaligen Zeit Vegetarier war, denkt noch heute mit »einem gewissen Unbehagen« daran, denn Dalí trank als Aperitif das warme Blut eines Stieres. »Blut ist süßer als Honig«, betitelte Carlos dieses Menü und erinnerte dabei an Lydia Nandos, die Fischerwitwe aus Portlligat, von der Dalí einstmals die zerfallene Hütte kaufte, die zum Grundstock seiner Häuserburg werden sollte. Ab und zu kochte Lydia für ihn und Gala:

Sie war gekommen, um das Abendessen für uns zu machen … Sie holte aus der Küche das Huhn und das, was sie zum Schlachten brauchte … Sie stach geschickt ihre Schere in den Hals des Huhnes und hielt den blutenden Kopf über eine dunkel glasierte Terrakottaschüssel. Lydia begann es zu rupfen und bald war das ganze Zimmer mit Federn bedeckt … Sie säuberte das Huhn und entnahm mit vom Blut triefenden Fingern die Eingeweide, die sie säuberlich getrennt auf einen Teller legte – er stand auf dem Kristalltisch, auf den ich ein sehr kostbares Buch mit Faksimiledrucken der Zeichnungen Giovanni Bellinis gelegt hatte. Als ich das sah, sprang ich besorgt auf, um das Buch vor möglichen Spritzern zu retten. Mit bitterem Lächeln meinte Lydia: ›Blut befleckt nicht‹ und fügte dann sofort folgende Bemerkung hinzu, den ihr maliziöser Augenaufschlag mit versteckter, erotischer Bedeutung erfüllte: ›Blut ist süßer als Honig! Ich‹ , fuhr sie fort, ›bin Blut und alle anderen Frauen sind Honig! Meine Söhne sind zur Zeit gegen Blut und rennen dem Honig nach!‹ [1]

Lydia hat diesen Schlüsselsatz auch oftmals umgekehrt gebraucht, je nachdem, in welcher Situation sie war. So gab Dalí einigen seiner Bilder den Titel »Honig ist süßer als Blut«, beispielsweise dem Ölgemälde von 1941, das Galas nackten Körper auf einer Krücke gestützt in den Wolken zeigt.
Damals, im »Via Veneto« trank Dalí als Aperitif warmes Blut aus der Lende eines Stiers gepresst.

»Auch Lammkoteletts liebte Dalí über alles«, stellte Carlos Lozano fest. »Er nahm sie in die Hand und aß sie so schnell wie ein Pirania mit hundert Zähnen seine Beute verschlingt.«

118

MENÜ À LA CARLOS LOZANO

FRISCH GEPRESSTES BLUT AUS STIERLENDE
HUMMER IN SCHOKOLADENSAUCE
LAMMKOTELETTS MIT PFEFFERMINZSAUCE
HUHN MIT SCHNECKENRAGOUT
FRISCHKÄSE MIT MANDELN UND HONIG
Nachgekocht von Frank Nagel, Arkona Hotel »Remarque«, Osnabrück

Dalí verwendete das Motiv des Koteletts einige Male in seinen Bildern. Am bekanntesten ist wohl das Ölgemälde »Bildnis Galas mit zwei Lammkoteletts«, das er 1934 nach einer Schiffsüberfahrt im Hafen von New York der Presse vorstellte. Einer der Journalisten fragte, warum er zwei gebratene Koteletts auf die Schulter seiner Frau gelegt hätte. Darauf antwortete Dalí, daß dieselben nicht gebraten, sondern roh seien. Hartnäckig fragte der Pressevertreter weiter warum er denn die Koteletts mit seiner Frau gemalt habe. Dalí überlegte nicht lange: »Ich liebe Koteletts und ich liebe meine Frau. Ich sehe keinen Grund, sie nicht zusammen zu malen.«

Die Nachspeise versetzte Dalí in himmlische Stimmung. »Frischkäse mit Honig und Mandeln erinnerten ihn an das Land, wo Milch und Honig fließen«, meinte Lozano. Weiter erinnert er sich:

Dalí hielt es nie lange bei Tisch aus. Sobald das Dessert serviert war, wurde er hektisch. Ohne zu fragen, bestellte er dann für die ganze Tischrunde noch Kaffee. Er stand auf – mit ihm seine Gäste – und bezahlte nie, denn einem Dalí schickte man, wie dem ›King of Spain‹ die Rechnung per Post.

HUMMER IN SCHOKOLADENSAUCE

»Langosta con' salsa de chocolate«

1 FANGFRISCHER, LEBENDER HUMMER
(CA. 1 KG)
SALZ
200 G WEISSE KUVERTÜRE
500 ML MILCH
2 MSP. AUSGEKRATZTES MARK
EINER VANILLESCHOTE

Den Hummer mit dem Kopf voran in einen ausreichend großen Topf mit sprudelnd kochendem Salzwasser geben (das Wasser sollte sehr stark kochen, damit der Hummer sofort getötet wird). Nach etwa 5 Minuten herausnehmen und kalt abschrecken. Nach dem Abkühlen längs mit einem scharfen Messer halbieren.

Inzwischen die Kuvertüre grob hacken und zusammen mit der Milch in einen Topf geben. Das Ganze erhitzen, die Schokolade unter ständigem Rühren auflösen und die Flüssigkeit zum Kochen bringen. 2 Messerspitzen Vanillemark zugeben.

Den halbierten Hummer auf einen Teller legen und mit der weißen Schokoladensauce überziehen. Nach Belieben mit Vollmilchschokoraspeln bestreuen.

FRISCH GEPRESSTES BLUT AUS STIERLENDE

»Sangre de la toro«

1 FRISCHE, BLUTIGE STIERLENDE
EVTL. SALZ UND PFEFFER AUS DER MÜHLE

Das Lendenstück am Tisch in eine Saftpresse legen und auspressen. Das entstandene Blut eventuell mit Salz und Pfeffer würzen. Sofort trinken.

LAMMKOTELETTS MIT PFEFFERMINZSAUCE
»Chuletas de cordero con' salsa menta«

Für die Sauce:

3 ZWEIGE PFEFFERMINZE

4 EL WEINESSIG

2 EL ZUCKER

SALZ

PFEFFER AUS DER MÜHLE

Für die Koteletts:

4 DOPPELTE LAMMKOTELETTS (À CA. 150 G)

2 EL OLIVENÖL

Für die Sauce die Pfefferminzblätter von den Stielen zupfen, waschen, trockentupfen und fein schneiden. Die Blätter in eine Schüssel geben. ¼ Liter Wasser zum Kochen bringen und über die Pfefferminzblätter gießen. Essig, Zucker, Salz sowie Pfeffer hinzufügen und das Ganze gut vermischen. Die Sauce erkalten lassen.

Die Lammkoteletts kurz waschen, trockentupfen und von dicken Fetträndern befreien. Das Fleisch mit Salz und Pfeffer einreiben. Das Olivenöl in einer Pfanne stark erhitzen und die Koteletts darin von jeder Seite etwa 3 Minuten braten. Anschließend sofort anrichten und die Pfefferminzsauce separat dazu reichen.

VARIATION:
Für einen Kräutermantel 200 g entrindetes Weißbrot mit 2 Eßlöffeln gehackter Petersilie, 1 Eßlöffel gehackter Pfefferminze und 3 Eßlöffeln weicher Butter zu einer Paste vermengen. Ein Lammkarree damit umhüllen und im Ofen bei 200 °C etwa 20 Minuten garen. Dann in Koteletts teilen.

122

HUHN MIT SCHNECKENRAGOUT

»Pollo con cargols«

Für das Schneckenragout:

1 KG WEINBERGSCHNECKEN

JE 1 KLEINER ZWEIG OREGANO, THYMIAN,
ROSMARIN UND PFEFFERMINZE

1 ZWIEBEL • 3 KNOBLAUCHZEHEN

1 TOMATE

1 SCHWEINEBRATWURST (BOTIFARRA)

50 G SCHWEINEBAUCH • 2 EL OLIVENÖL

SALZ • PFEFFER AUS DER MÜHLE

EDELSÜSSES PAPRIKAPULVER

1 LORBEERBLATT

2 GEWÜRZNELKEN • 2 ZWEIGE PETERSILIE

1 PRISE GETROCKNETE PFEFFERSCHOTEN

2 EL GESCHÄLTE MANDELN

Für das Huhn:

1 KÜCHENFERTIGE POULARDE (CA. 1,3 KG)

MEHL ZUM BESTÄUBEN

2 EL SCHWEINESCHMALZ

124

Die Schnecken auspulen und waschen. Etwa 1,5 Liter Wasser zusammen mit den Kräuterzweigen zum Kochen bringen. Die Schnecken darin weich kochen. Zwiebel und Knoblauch abziehen, Zwiebel und 2 Knoblauchzehen fein hacken. Die Tomate waschen und würfeln. Bratwurst und Schweinebauch kleinschneiden.

Olivenöl erhitzen und Zwiebel und gehackten Knoblauch darin anschwitzen. Bratwurst und Schweinebauch zufügen und anbraten. Tomate zugeben und kurz mitgaren. Sobald die Schnecken gar sind, abtropfen lassen und dazugeben. Das Ganze mit Wasser bedecken. Salz, Pfeffer, Paprikapulver, Lorbeerblatt, Nelken, Petersilie und Pfefferschoten einrühren. Leise köcheln lassen. Die Mandeln trocken rösten, dann zusammen mit der restlichen Knoblauchzehe in einem Mörser zer-

stoßen. Die Masse unter das Ragout rühren. Kochen lassen, bis die Sauce hell wird. Das Schneckenragout warm halten.

Die Poularde innen und außen waschen, trockentupfen und in 4 Stücke schneiden. Das Fleisch mit Salz und Pfeffer einreiben. Rundherum hauchzart mit Mehl bestäuben. Das Schweineschmalz in einer großen Pfanne erhitzen und die Hühnerstücke darin von allen Seiten goldgelb braten. Alles zusammen servieren.

FRISCHKÄSE MIT MANDELN UND HONIG

»Queso de castilblano con almendras i miel«

400 G ZIEGENMILCHFRISCHKÄSE

(Z. B. LOS VASQUEZ ODER VALDETEJA,
IM KÄSEFACHHANDEL ERHÄLTLICH)

4 EL GEHACKTE MANDELN

6 EL FLÜSSIGER HONIG

FRISCHE HIMBEEREN

Den Frischkäse in Scheiben schneiden. Die Mandeln in einer beschichteten Pfanne ohne Fettzugabe rösten, bis sie Farbe genommen haben. Den Honig zufügen und das Ganze bei milder Hitze unter Rühren leicht karamelisieren lassen. Die Masse in der Küchenmaschine pürieren.

Auf einen Förmchenboden eine Scheibe Frischkäse legen und etwas von der Mandel-Honig-Masse darauf verteilen. Das Förmchen auf diese Art schichtweise füllen. Das Ganze für 1 Stunde kühl stellen. Dann stürzen und zusammen mit frischen Himbeeren servieren.

SEEIGELESSEN MIT DALÍ

John Peter Moore, der Mann, der sechzehn Jahre Salvador Dalís Sekretär oder besser gesagt sein »Mann für alle Lebenslagen« war, gab in den letzten Jahren kaum mehr Interviews, denn in den Medien erhielt sein Name stets einen negativen Beigeschmack. Selbst die angesehene Dalí-Biographin Meryle Secrest versuchte über Monate vergebens diesen Mann, der sich gerne als »Captain« betiteln läßt, zu sprechen. Er hat eine Mauer um sich herum aufgebaut, die schwer zu durchbrechen ist. Moore lebt in Cadaqués, betreibt dort das Hotel »La Residencia«, das früher »Miramar« hieß. In diesem Haus lernte Dalí 1929 seine Frau Gala kennen. Darüber hinaus gehört dem Captain zusammen mit seiner Frau Catherine Perrot das »Art Center«, in dem er Originale und Reproduktionen von Dalí und Picasso zeigt. Man weiß nicht, wieviel Besitz Moore, der 1998 80 Jahre alt wurde, heute hat. Nach wie vor ist er in Cadaqués einerseits umstritten und andererseits angesehen. Ihm ist es jedenfalls zu verdanken, daß der romantische, seit Dalís Zeiten nahezu unveränderte Fischerort ein bronzenes Dalí-Denkmal besitzt, das er stiftete.

126

»Die Madonna
von Portlligat«
(1949)
Haggerty Museum of Art
Marquette University, Milwaukee/Wisconsin

Nachdem Moore 1998 erfahren hatte, daß ich mich in Cadaqués aufhielt, lud er mich zu einem Gespräch in sein Hotel ein. Es stand mir ein Mann gegenüber dem man sein Alter nicht ansieht, Dalí und Moore zugleich spielend.

Als er für Dalí arbeitete, gab es keinen Tag, an dem er nicht mit dem Meister oder mit Gala zusammen war. Er managte alles. Den Verkauf von Bildern, die Reportagen und Interviews, die berühmt-berüchtigten Blanco-Signierungen von Dalí, die Reisen und Hotelarrangements. Moore erinnert sich an ein Dalí-Frühstück, das man als »Happening for one« bezeichnen könnte:

John Peter Moore

Er nahm das Frühstück in seinem Bett ein, trank Kaffee, doch in Wirklichkeit ließ er ihn über das Kinn den Hals entlang auf seine Brust zum Bauch rinnen. Der Kaffee und die Brusthaare klebten inzwischen am Hemd. Langsam trocknete der Kaffee und bildete eine spannende Kruste auf seiner Haut. Er kratzte sich wollüstig. Die Fliegen vergnügten sich auf seinem Kaffeehemd. ›Es wird ein von Gold befrachteter Tag werden‹ sagte Dalí zu mir. Dann ging er auf die Toilette und nahm unterwegs aus einer Vase, in der Blumen für diesen Zweck bereit standen, eine Jasminblüte, die er sich hinters Ohr steckte. Mit dem kaffeeverklebten Hemd verbrachte er den ganzen Tag in seinem Hotelzimmer.

Dalí war in den letzten Jahren eifersüchtig auf Moore, vor allem wegen seines Art Center, in dem der Maler eine direkte Konkurrenz zu seinem Teatro Museu in Figueres sah. Schließlich stellte Dalí fest, daß in Moores Besitz einige Fälschungen waren. Er strengte daraufhin einen Prozeß an, der 1983 mit einem Vergleich endete.

MENÜ À LA CADAQUÉS

SEEIGEL À LA CAP DE CREUS
WACHTELN MIT SAMFAINA
WOLFSBARSCH COSTA BRAVA
KRAPFEN VON EMPORDÀ
Nachgekocht von Michael Lacher, Restaurant »Alte Sonne«, Ludwigsburg

Moore lernte Dalí in allen Lebenslagen kennen und weiß daher auch, was zu seinen Lieblingsspeisen in Katalonien zählte, die er im »Menü à la Cadaqués«, das mit einem Seeigelessen eröffnet wird, zusammenfaßte. Dalí liebte Seeigel, die frisch aus dem Meerwasser von Cadaqués geholt wurden:

> In der Wintersonne aß ich als Mittagsmahlzeit drei Dutzend Seeigel mit Wein oder fünf bis sechs auf Rebholzfeuer gegrillte Koteletts; abends eine Fischsuppe und Dorsch mit Tomaten oder auch einen leckeren, großen gebackenen Mittelmeerbarsch mit Fenchel. [1]

An anderer Stelle berichtet Dalí, daß er auch zum Frühstück Toast mit Seeigel und etwas bitteren Rotwein zu sich nahm. Er schätzte die ganz roten, gefüllten Felsenseeigel. Seeigel nennt man auf katalanisch »Garotes«. Sie werden wie Austern geöffnet. Laut der Fischer am Cap de Creus sind die männlichen, nahezu violetten Seeigel die besten, man schlürft sie roh und ißt Brot dazu.

In Dalís Werken kommen immer wieder Seeigel vor. Beispielsweise in seinem Gemälde »Madonna von Portlligat«, in dem er links unten einen großen Seeigel mit »pentagonaler Symmetrie« darstellte. Für ihn ist die leere Schale des Seeigels »einer der schönsten natürlichen Kuppeln, die ein menschliches Geschöpf je betrachtet hat«.

SEEIGEL À LA CAP DE CREUS

»Garotes a la Cap de creus«

12 FANGFRISCHE SEEIGEL

200 G SCHNITTLAUCH

200 G PETERSILIENBLÄTTER

100 G KERBELBLÄTTER

2 LORBEERBLÄTTER

SALZ

150 G SAHNE

PFEFFER AUS DER MÜHLE

GROBES MEERSALZ

Die Seeigel mit einem spitzen Gegenstand öffnen und jeweils das Innere herauslösen. Die Hälfte der Seeigelpanzer säubern und die Stachelspitzen mit einer Schere abschneiden. Das herausgelöste Innere der Seeigel in die gesäuberten Seeigelpanzerschalen legen. Beiseite stellen.

Inzwischen die frischen Kräuter waschen und grob hacken. Zusammen mit den Lorbeerblättern in kochendem Salzwasser etwa 3 Minuten garen. Dann mit einem Schaumlöffel herausnehmen und zusammen mit etwas Sud und Sahne im Mixer pürieren. Mit Salz und Pfeffer würzen. Abkühlen lassen. Die Seeigel in den Panzern jeweils mit Kräutersauce übergießen und im Ofen kurz gratinieren. Auf mit grobem Meersalz gefüllten Suppentellern servieren und nach Belieben mit Meeresfrüchteschalen garnieren.

WACHTELN MIT SAMFAINA

»Guatlles amb Samfaina«

8 KÜCHENFERTIGE WACHTELN (À CA. 170 G)

SALZ • PFEFFER AUS DER MÜHLE

500 G VOLLREIFE TOMATEN

3 AUBERGINEN • 3 GELBE PAPRIKASCHOTEN

3 MITTELGROSSE ZWIEBELN

150 G MAGERER SCHINKEN

60 G FRÜHSTÜCKSSPECK

100 ML OLIVENÖL

200 ML TROCKENER WEISSWEIN

200 ML GEFLÜGELFOND AUS DEM GLAS

1 TL EDELSÜSSES PAPRIKAPULVER

1 ZWEIG THYMIAN • 1 ZWEIG PETERSILIE

2 KNOBLAUCHZEHEN

Die Wachteln waschen, halbieren und mit Salz und Pfeffer einreiben. Die Tomaten heiß überbrühen, enthäuten, entkernen und das Fruchtfleisch in kleine Stücke schneiden.

Auberginen und Paprikaschoten putzen, waschen und kleinschneiden. Die Zwiebeln schälen und grob hacken. Schinken und Speck fein würfeln. Das Olivenöl in einer Kasserolle erhitzen und die Wachtelhälften darin kräftig anbraten. Zwiebeln, Schinken sowie Speck hinzufügen und Farbe nehmen lassen. Mit Weißwein ablöschen und den Alkohol kurz einkochen lassen. Tomaten, Auberginen und Paprikaschoten dazugeben. Alles kräftig aufkochen lassen, dann den Fond angießen, Paprikapulver, Pfeffer und Kräuter einrühren und das Ganze zugedeckt etwa 15 Minuten köcheln lassen. Knoblauch abziehen, zusammen mit etwas Salz in einem Mörser zerreiben und zu den Wachteln geben. Nochmals 5 Minuten sanft köcheln lassen, dann die Wachteln herausnehmen, auf eine Platte setzen und mit der Gemüsesauce übergießen.

WOLFSBARSCH COSTA BRAVA

»Llobarro Costa Brava«

Für die Sauce:

2 MITTELGROSSE ZWIEBELN

2 KNOBLAUCHZEHEN

2 ZWEIGE PETERSILIE

1 KLEINES LORBEERBLATT

150 ML FLEISCHBRÜHE

200 ML ROSÉWEIN

2 EL OLIVENÖL

ETWAS WEISSER PFEFFER • SALZ

1 GEWÜRZNELKE

Für den Wolfsbarsch:

1 FRISCHER WOLFSBARSCH

(CA. 1 KG ODER ETWAS MEHR)

3 MITTELGROSSE KARTOFFELN

SAFT VON 1 GROSSEN ZITRONE

50 G BUTTER IN FLÖCKCHEN

200 ML TROCKENER WEISSWEIN

Für die Sauce Zwiebeln und Knoblauch schälen, 1 Zwiebel vierteln, die zweite ganz belassen. Zwiebeln und ganzen Knoblauch zusammen mit den restlichen Zutaten für die Sauce in einen Topf geben. Das Ganze erhitzen und dann etwa 1 Stunde köcheln lassen. Dann durch ein feines Sieb abgießen und die festen Zutaten pürieren.

Während die Sauce kocht, den Fisch vorbereiten. Dazu die Rücken- und Bauchflossen, nicht aber die Schwanzflosse abschneiden. Den Fisch schuppen, waschen und die Kiemen entfernen. Innen und außen mit Salz bestreuen. Den Backofen auf 180 °C vorheizen. Die Kartoffeln schälen, in dünne Scheiben schneiden und diese auf dem Boden einer feuerfesten Form auslegen. Den Fisch daraufsetzen, mit Zitronensaft begießen und mit Butterflöckchen besetzen. Den Wein in die Form gießen, diese in den Ofen stellen und den Fisch in 35 bis 40 Minuten garen. Den Fisch herausnehmen, in Portionen teilen und zusammen mit den Kartoffeln und etwas Sauce servieren.

KRAPFEN VON EMPORDÀ

»Bunyols de l'Empordà«

325 G MEHL

20 G FRISCHE HEFE (¹/₂ WÜRFEL)

75 G ZUCKER

¹/₈ L WARMES WASSER

2 EIER

ABGERIEBENE SCHALE VON

¹/₂ UNBEHANDELTEN ORANGE

ÖL ZUM AUSBACKEN

PUDERZUCKER ZUM BESTÄUBEN

Das Mehl in eine Schüssel sieben und in die Mitte eine Mulde drücken. Die Hefe in eine Tasse bröckeln, 1 Teelöffel Zucker und das warme Wasser hinzufügen. Das Ganze gut verrühren, bis die Hefe vollständig aufgelöst ist, dann in die Mulde gießen.

Restlichen Zucker, Eier und Orangenschale dazugeben. Das Ganze mit beiden Händen zu einem glatten Teig verarbeiten. Den Teig mit einem Holzlöffel so lange schlagen, bis er Blasen wirft.

Den Teig mit einem Küchentuch bedecken und an einem warmen, zugfreien Ort etwa 1 Stunde ruhen lassen. Anschließend vom Teig mit bemehlten Händen etwa walnußgroße Stücke abnehmen und diese zu kleinen Krapfen formen. Die Krapfen zugedeckt nochmals 10 Minuten gehen lassen.

In der Zwischenzeit in einer Friteuse oder in einem großen Topf reichlich Öl auf etwa 180 °C erhitzen. Die Krapfen darin portionsweise schwimmend goldbraun ausbacken. Auf Küchenkrepp abtropfen lassen und noch warm mit Puderzucker bestäuben. Nach Belieben auf einem Ananasbett zusammen mit Apfelringen, Dörrpflaumen und warmer Vanillesauce servieren.

*»Dynamisches Kräuteromelett«
(1934),
Sammlung
André François Petit,
Paris*

»ICH WEISS WAS ICH WEISS NICHT

Es dauerte verhältnismäßig lange, bis Salvador Dalí einsah, daß er nicht umhin kam, gesellschaftliche Verpflichtungen wahrzunehmen, um für sein »Genie« Öffentlichkeitsarbeit zu betreiben. 1929 führte ihn kein geringerer als Miró in die Pariser Gesellschaft ein. Er ließ sich auf Mirós Anraten einen Smoking schneidern und ging zu seinem ersten eleganten Diner.

Sargeant sagte über ihn, daß er »ein schüchterner, liebenswerter Mann sei, mit einem freundlichen Gemüt, einem aufmerksamen, intelligenten Gesicht und einem kindlich ernsten Ausdruck. Wenn er ein Anliegen vertritt oder eine Geschichte erzählt, will er unbedingt gefallen.« Aber in Paris fühlte sich Dalí anfänglich verloren. Er hatte Angst, die Métro zu benutzen, verlor ständig seine Brieftasche, und aß im gleichen Restaurant immer die gleichen Speisen. Dalí:

*Dalí m
Francisco Verg*

ICH ESSE –
WAS ICH TUE «

Eines Tages dinierte ich bei dem Vicomte de Noailles. Sein Haus imponierte mir gewaltig, und ich war höchst geschmeichelt, als ich sah, daß mein Bild ›Das traurige Spiel‹ zwischen einem Cranach und einem Watteau hing. An diesem Diner nahmen Künstler und Leute aus der Gesellschaft teil, und mir wurde sofort klar, daß ich im Mittelpunkt des Interesses stand. Ich glaube, die Noailles waren von meiner Schüchternheit zutiefst gerührt. Jedesmal, wenn der für den Wein zuständige Butler kam und mir Namen und Jahrgang des Weins mit höchst geheimnisvoller Miene ins Ohr flüsterte, dachte ich, es handle sich um etwas sehr Ernstes, das er mir diskret mitteilen wolle – Gala sei von einem Taxi überfahren worden … – und ich wurde leichenblaß, sprang hoch und schickte mich an, die Tafel zu verlassen. Dann wiederholte der Butler etwas lauter, wie um mich zu beruhigen, und dabei mit äußerst würdevoller Aufmerksamkeit auf die schräg in seinem Körbchen liegende Flasche blickend: ›Romanée-St-Vivant 1923‹. In einem Zug goß ich diesen Wein, der mich gerade so erschreckt hatte, hinunter und gewann durch ihn wieder Hoffnung, meine Schüchternheit zu überwinden und am Gespräch teilnehmen zu können.

Mit Hilfe von Gala gewöhnte sich Dalí nach und nach an das öffentliche Parkett. 1934 schrieb der »*New York Sunday Mirror*«:

Die blinde Leidenschaft für Salvador Dalí, den Super-Realisten, der seine Alpträume malt, die von der Kritik bejubelt werden, während Sterblichen schwindelt, ist der absolute Höhepunkt der unablässigen Schickeria-Jagd nach neuen, möglichst verrückten Kitzeln.

Dalís Engagement hat sich bezahlt gemacht. Eine Ausstellung nach der anderen wurde veranstaltet, seine Bilder verkauften sich wie von selbst. Meryle Secrest meint: »Als Dalí Mitte vierzig war, war ihm das Show-Gehabe zur zweiten Natur geworden.« Doch diese zweite Natur war Maske, denn »nur sehr wenige Leute wissen, wer ich wirklich bin«, sagte er einmal. Zu diesen wenigen Leuten zählte

damals Francisco Vergés, seines Zeichens Bankdirektor, der eines der wesentlichen Konten Dalís in Figueres verwaltete. Dalí soll in den 70er Jahren immerhin nahezu eine halbe Million Dollar jährlich verdient haben. Sein damaliges Gesamtvermögen wurde auf zehn Millionen Dollar geschätzt. Aber Dalí konnte mit Geld nicht umgehen. Da bedurfte es eines Mannes im Hintergrund, dem Dalí vertraute. 1964 haben sich Vergés und Dalí kennengelernt.

In einem modernen mehrstöckigen Haus in Figueres hat er sein Altersdomizil gefunden. Er ist freundlich, aber wortkarg. Dalí ist in seinem Herzen, nicht auf seiner Zunge. Keines der Geheimnisse, die ihn mit Dalí verbanden, gibt er preis. Er zeigt mir zwar Briefe von Dalí, Bilder mit seinen Widmungen. Fotos, die gemacht wurden als Vergés von König Juan Carlos empfangen wurde und die Urkunde zur Gründung der Dalí-Stiftung, deren Patron er von 1983–1989 war – aber Details über die Zusammenarbeit mit dem Maler bleiben im Verborgenen.

MENÜ À LA OFICINA

KLEINE VORSPEISENHÄPPCHEN
SUPPE MIT FADENNUDELN
BEEFSTEAK MIT GRÜNEM PFEFFER
SPANISCHES OMELETT

Nachgekocht von Hans-Günter Tullius, Hotel-Restaurant »Spanischer Hof«, Gröditz

Francicso Verges absolvierte mit Dalí viele »Geschäftsessen«, bei denen sich des Meisters geflügelter Satz »Ich weiß was ich esse – ich weiß nicht was ich tue.« stets bestätigte. Mit finanziellen Angelegenheiten wollte er so wenig wie möglich zu tun haben. Das ging soweit, daß er nie Geld mit sich führte.

Wenn Dalí Gelegenheit hatte, aß er »Tapas«, kleine Vorspeisenhäppchen, zu jeder Tages- und Nachtzeit. Ihren Ursprung haben sie in Andalusien. Man deckte mit einer Scheibe Hartwurst das Weinglas zu, damit sich darin keine Fliegen verfingen. Tapa heißt übersetzt Deckel. Mit der Zeit kam eine dünne Scheibe Brot dazu, auf der man auch andere kleine Leckereien plazierte. So entwickelte sich eine Vorspeise, die auch den Katalanen schmeckt.

Beefsteak mußte für Dalí stets blutig serviert werden. Blutiges Fleisch war für ihn »Kannibalismus der Wiedergeburt«. Francisco Vergés hat mit dieser Menüfolge schon viel über Dalí preisgegeben. Vielleicht schon zu viel, wie er meinte, denn Dalí ist sein »Heiligtum«, dessen Geheimnise er für immer in seinem Herzen bewahren möchte.

KLEINE VORSPEISENHÄPPCHEN
»Tapas«

Vorspeisen (Tapas) gibt es in Spanien in vielfältiger Form. Ob eingelegte oder gebackene Meeresfrüchte und Fische, marinierte Gemüse oder einfach nur luftgetrockneter Schinken und Käse – der Phantasie sind hier keine Grenzen gesetzt. Oftmals sind es vollständige Gerichte – nur sehr klein portioniert. Häufig werden besondere Spezialitäten auf kleinen Broten serviert, auf einem Löffel plaziert oder auf einem Mini-Glas dargeboten.

SUPPE MIT FADENNUDELN
»Sopa con fideos«

250 G MEHL

2 EIER

SALZ

FRISCH GERIEBENE MUSKATNUSS

1 L BOUILLON

3 EL GEHACKTE PETERSILIE

Das Mehl in eine Schüssel geben. Eier und etwa 250 ml Wasser hinzufügen. Eine Prise Salz und etwas Muskatnuß beigeben. Das Ganze zu einem glatten Teig verkneten.

Eine Arbeitsfläche mit Mehl bestäuben und den Teig darauf dünn ausrollen. Mit etwas Mehl bestäuben. Zusammenrollen und in etwa 3 mm breite Streifen schneiden. Die Streifen trocknen lassen.

Die Bouillon erhitzen und die Fadennudeln darin in etwa 2 Minuten gar ziehen lassen. Die Suppe vor dem Servieren mit gehackter Petersilie bestreuen.

BEEFSTEAK MIT GRÜNEM PFEFFER

»Biftec al pimiento verde«

Für die Beefsteaks:

6 EL OLIVENÖL

KRÄUTERMIX AMPURDÀN (IN SPANISCHEN
FEINKOSTLÄDEN ERHÄLTLICH)

4 BEEFSTEAKS À 200 G, CA. 2 CM DICK

50 G SAHNE

3 EL GRÜNE PFEFFERKÖRNER

SALZ

PFEFFERKÖRNER ZUM GARNIEREN

Olivenöl und Kräutermischung gründlich
verrühren. Die Beefsteaks mit der Mischung einreiben, in Aluminiumfolie ein-
wickeln und für 3 Tage in den Kühlschrank
legen.

144

Den Backofengrill vorheizen. Die Steaks
aus der Folie nehmen, verbliebenes Kräuteröl von den Folien in eine Pfanne gießen
und erhitzen. Die Steaks im Ofen je nach
Garwunsch 1 bis 5 Minuten grillen.

Die Sahne zum Kräuteröl in die Pfanne geben und etwas einkochen lassen. Dann die
Pfefferkörner dazugeben. Die Steaks aus
dem Ofen nehmen, salzen und zusammen
mit der Pfeffersauce servieren. Mit Pfefferkörnern bestreuen. Dazu paßt in Butter ge-
dünsteter, grüner Spargel.

SPANISCHES OMELETT

»Tortilla«

Für 6 Personen

1 KG KARTOFFELN

1 MITTELGROSSE ZWIEBEL

125 ML OLIVENÖL

SALZ

1 KNOBLAUCHZEHE

8 EIER

3 EL GEHACKTE PETERSILIE

146

Die Kartoffeln schälen, waschen und in dünne Scheiben schneiden. Die Zwiebel ebenfalls schälen und in feine Würfel schneiden. Das Öl in einer großen Pfanne erhitzen, die Kartoffelscheiben hineingeben, mit 1 Teelöffel Salz würzen und unter gelegentlichem Wenden etwa 10 Minuten bei mittlerer Hitze braten.

Dann die Zwiebel hinzufügen und glasig werden lassen. Das Ganze weitere 10 Minuten braten. Überschüssiges Öl aus der Pfanne abgießen. Anschließend die Kartoffelscheiben zu einer Art Pfannkuchen (Tortilla) zusammenschieben. Die Knoblauchzehe abziehen und fein hacken. Die Eier mit Knoblauch und Petersilie verquirlen, über die Kartoffeln gießen und in etwa 5 Minuten stocken lassen.

Die Tortilla mit Hilfe eines Tellers wenden und von der anderen Seite in 3 Minuten goldbraun braten. Die Tortilla herausnehmen und in Stücke schneiden. Warm servieren. Nach Belieben Gurkenscheiben und Tomatenviertel dazu reichen.

KÖCHE UND HOTELS STELLEN SICH VOR

MENÜ À LA SALVADOR DALÍ

Thomas Röttger zählt zu den besten Küchenmeistern in Deutschland, dazu hat er noch die Meisterprüfung als Bäcker gemacht.

Besonders beliebt sind seine Wildspezialitäten, die er aus eigener Jagd herstellt. Er ist geradezu verliebt in die ländliche, bodenständige Küche des Westerwaldes, die er mit besten Zutaten und selbstverständlich frischen Produkten aus der Region zubereitet. Deshalb schätzt er auch die katalanische Küche eines Salvador Dalí.

Seit 1987 ist Thomas Röttger auch der Inhaber des elterlichen Betriebes »Hotel-Restaurant Röttger« mit dem allseits bekannten Gourmetstübchen, in dem er seine Spezialitäten präsentiert.

Das gepflegte Haus mit modernen, komfortablen Zimmern spricht die Urlauber des Westerwaldes und die Geschäftsreisenden gleichermaßen an. Individuelle Besprechungs-, Seminar- und Tagungsmöglichkeiten sind ebenfalls gegeben.
Ein harmonisches Hotel mit Spitzenleistungen aus der heimischen Küche.
ANSCHRIFT: »Hotel-Restaurant Röttger«, Hauptstraße 50, 56477 Rennerod
Tel.: 0 26 64/10 75, Fax: 0 26 64/9 04 53

MENÜ À LA AMPURDÁN

Alexander Herrmann absolvierte die Hotelfachschule Altötting, der sich eine Kochlehre im Land- und Gasthaus Rottner anschloß. Dann folgten die »Schweizer Stuben« in Wertheim, der »Scholteshof« in Belgien, Alfons Schubeck in Waging sowie »Karl Ederers Glockenbach« in München. Seit 1995 ist er mit großem Erfolg am heimischen Herd tätig. 1998 war sein Debüt bei VOX in der Sendung Kochduell, wo er fortan als Stammkoch teilnimmt.

Das *Herrmann's Romantik Posthotel & Restaurant* ist seit 1869 in Familienbesitz und eines der Paradestücke oberfränkischer Gastronomie. 47 individuell eingerichtete, luxuriöse Zimmer, eine Naturstein-Badelandschaft mit Hallenbad, Sauna, Dampfbad, Whirlpool und Solarium sowie ein Restaurant mit dem Besten aus der Region und der Kalifornischen Küche, sind die Grundpfeiler des Erfolges. Nicht nur durch die Nähe zur Wagner-Stadt Bayreuth führt es einen ausgezeichneten Ruf, sondern auch wegen der herzlichen Betreuung und des harmonischen Ambientes.

ANSCHRIFT: »Herrmann's Posthotel«, Marktplatz 11, 95339 Wirsberg
Tel.: 0 92 27/20 80, Fax: 0 92 27/58 60

KÖCHE UND HOTELS STELLEN SICH VOR

MENÜ À LA FIGUERES

Stefan Kröll bestritt nach seiner Ausbildung zum Koch erfolgreich mehrere Koch-Jugendmeisterschaften in Braunschweig, Hannover und Berlin.

Als Souschef war er 1994/95 im Parkhotel in Wolfsburg tätig. Dort konnte er seine Fähigkeiten und Kenntnisse in der gehobenen Küche mit italienischem Akzent um einige Raffinessen bereichern.

1996 kehrte er in seine Heimat, die Altmark, zurück. Seit 1998 arbeitet er im »Schloßhotel Calberwisch«. Als naturverbundener Küchenchef widmet er sich besonders der einheimischen Küche.

Das *Schloß Calberwisch* (südöstlich von Osterburg) stellt eines der eindrucksvollsten Baudenkmäler unter den Herrenhäusern des ausgehenden 19. Jahrhunderts in der Altmark dar. Es erhält nicht zuletzt durch seine Baumeister Martin Gropius und Heino Schmieden überregionale Bedeutung. 1995 wurde dieses Schloß zu einem charaktervollen Hotel und Restaurant umgebaut, das in der Altmark seinesgleichen sucht. Pferdesportlern stehen eine Reitanlage und Gastpferde zur Verfügung.

ANSCHRIFT: »Schloß Calberwisch«, 39606 Calberwisch/Osterburg
Tel.: 0 39 77/2 22 40, Fax: 0 39 77/22 24 44

MENÜ À LA ROSES

Klaus Bramkamp begann seine Karriere vor 25 Jahren.

Der heute bekannte und gefragte Küchenchef absolvierte seine Lehre im »Parkhotel« in Bochum. Dann folgten Stationen im Züricher »Airport Hotel«, im Waldhotel »Kräuterkrämer« und im Mövenpick Restaurant »Rössli«. Nach der »deutschen Küche« kam er zur Hotelkette Intercontinental. Er begann in Lissabon, ging nach Athen, landete danach in Frankfurt und wechselte schließlich nach Stuttgart. Vor 8 Jahren holte ihn das Intercontinental nach Frankfurt, wo er als Executive Chef erfolgreich ein Team von 50 Köchen führt.

Seine nächste Herausforderung ist die Neueröffnung des »Signatures« Restaurants.

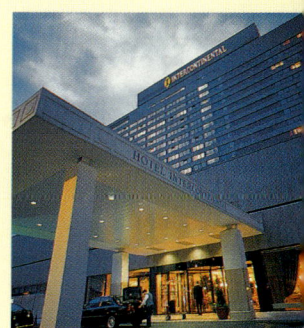

Im *Hotel Intercontinental Frankfurt* am Main stehen für Konferenzen, Tagungen, Präsentationen oder Gala-Abende von 10 bis 1000 Personen 16 Veranstaltungsräume mit modernster Konferenztechnik zur Verfügung. Darunter der nach drei Seiten verglaste Salon »Silhouette« auf der 21. Etage, mit Blick über Frankfurts Dächer, in dem auch das bekannte »Happening à la Salvador Dalí« stattfand.

Die Bandbreite der Küche reicht von euroasiatisch mit Showküche über kalifornische Küche, mediterrane Spezialitäten bis hin zu den klassischen Speisen aus der Region.

ANSCHRIFT: Hotel Intercontinental Frankfurt, Wilhelm-Leuschner-Straße 43, 60329 Frankfurt/Main
Tel.: 0 69/2 60 50, Fax: 0 69/25 24 67

KÖCHE UND HOTELS STELLEN SICH VOR

MENÜ À LA TORRE GALATEA

Gisbert Ausgen arbeitete nach einer Lehre als Koch in renommierten Restaurants in Luxemburg und Frankreich. Er ist berufener »Eurotoques« – Küchenchef. In der »Fasanerie« kreierte er eine meisterhafte Küche, die mit vielen Auszeichnungen bedacht wurde. Seine begehrten Rezepte findet man auch in dem Buch »Die Rheinland-Pfälzische und Saarländische Meisterküche«.

Das *Romantik Hotel »Fasanerie«*, auf den Grundmauern eines königlichen Lustschlosses erbaut, liegt wahrhaft idyllisch, in Europas einzigem Wildrosengarten. Unter der Direktion von Roland Zadra – Präsident der europäischen Romantik Hotels – wurde die »Fasanerie« in den letzten Jahren zu den »Beliebtesten Hotels« in ganz Deutschland gewählt (1. Platz 1996, 3. Platz 1998). Neben den kulinarischen Köstlichkeiten stellen die komfortablen Zimmer und die Fitnessabteilung mit einem Glaskuppelschwimmbad eine weitere Besonderheit in der stets gefragten »Fasanerie« dar.

ANSCHRIFT: Romantik Hotel »Fasanerie«, Fasanerie 1, 66482 Zweibrücken, Tel.: 0 63 32/97 30, Fax: 0 63 32/7 97 31 11

MENÜ À LA FELIPA DALÍ

Johann Neumeier erhielt eine Ausbildung als Koch im Steigenberger Hotel »Sonnenhof« Bodenmais. Nach markanten Stationen ging er zunächst in den elterlichen Betrieb »Landhotel Rappenhof« nach Arnbruck.
Als Gardemanager/Tournant holte ihn das »Therme-Hotel« nach Bad Vals. Nachdem er seine Ausbildung als »Diätisch geschulter Koch« machte und dann die Küchenmeisterprüfung ablegte, leitete er das »Hotel zur Post« in Kötzting.
Seit 1995 ist er der weit über die Landesgrenzen hinaus bekannte Küchenchef im renommierten Hotel »Die Wutzschleife«.

Das allseits beliebte Ferien- und Tagungshotel *»Die Wutzschleife«* entstand aus einer Glasschleiferei. Ausgezeichnet zum »Tagungshotel des Jahres« 1990 und »Tagungshotel zum Wohlfühlen« 1996, ist es seit der Erweiterung um ein Feriendorf und einer 18-Loch-Golfanlage zu einer einmaligen Freizeit- und Urlaubswelt geworden. Neben den kulinarisch-kulturellen Gala-Abenden, den erlebnisreichen Arrangements und dem »Spielgarten für Manager«, begeistert vor allem das ungezwungene und charmante Miteinander von Gast und Gastgeber, geprägt von dem »Gefühl frei zu sein«. Die Inhaberin der »Wutzschleife«, Monika Hauer, wurde 1999 zum »Hotelier des Jahres« gewählt.

ANSCHRIFT: Hotel »Die Wutzschleife«, 92444 Rötz-Hillstett/Opf., Tel.: 0 99 76/1 80, Fax: 0 99 76/1 81 80

KÖCHE UND HOTELS STELLEN SICH VOR

MENÜ À LA JOSEF MERCADER

Bodenständige regionale Gerichte, verbunden mit den Finessen internationaler Küche, das ist der Stil, den Küchenchef *Siegfried Weigang* und sein Team bevorzugen. Seine Ausbildung als Koch erhielt er im »Haus Seeblick« in Essen/Kettwig. Mit 24 Jahren war er bereits Küchenmeister und erweiterte seine Erfahrung im Laufe des Berufsweges in vielen internationalen Hotels in Deutschland und der Schweiz. Mit Begeisterung und Liebe umsorgt Siegfried Weigang kulinarisch seine Gäste.

Das *»Columbia« Hotel Rüsselsheim*, das Business-Hotel der »Columbia« Hotels & Ressorts, steht für persönlichen, aufmerksamen Service, professionelle Betreuung im Tagungs- und Veranstaltungsbereich und einer angenehmen und entspannten Atmosphäre. 1991 in der Opel-Stadt Rüsselsheim erbaut, hat sich das 4-Sterne-Hotel längst einen Namen gemacht, der weit über die Region hinaus bekannt ist. Das Restaurant »Galleria«, bildet mit seinem mediterranen Stil, der sich im ganzen Haus wiederfindet, den passenden Rahmen für Geschäftsessen oder ein romantisches Candle-Light-Dinner.
ANSCHRIFT: Hotel »Columbia« Rüsselsheim, Stahlstr. 2-4, 65428 Rüsselsheim, Tel.: 0 61 42/8 76-0, Fax: 0 61 42/8 76-805

MENÜ À LA LYDIA NANDOS

Thomas Bomrich, der Küchenchef des Hotels »Palatin«, durchlief mehrere Stationen der renommierten Steigenberger-Hotelkette, bevor er nach Wiesloch kam. Hier machte er sich schnell einen Namen unter den Feinschmeckern, denn seine Kochkünste zeichnen sich durch eine außerordentliche Kreativität und Raffinesse aus, obwohl er gleichzeitig eine naturbezogene Küche präsentiert.

Das *Hotel »Palatin«* in Wiesloch gab sich das Motto »Außergewöhnlich Tagen und Wohnen« und hat damit hervorragende Erfolge erzielt. Durch das persönliche Engagement von Wilhelm Gschoßmann wurde das Hotel zu einer der ersten Adressen in Süddeutschland.
Die Erlebnisgastronomie, zu der auch das »Happening à la Salvador Dalí« gehört, verwöhnt in regelmäßigen Abständen eine internationale Gästeschar.
Ein Privathotel, das seinesgleichen sucht!
ANSCHRIFT: Hotel »Palatin«, Ringstr. 17-19, 69168 Wiesloch, Tel.: 0 62 22/5 82 01, Fax: 0 62 22/25 55

KÖCHE UND HOTELS STELLEN SICH VOR

MENÜ À LA RAMÓN PITCHOT

Peter Winkler ist der Küchenchef des Hotel »Maibrunn«.
Seine Ausbildung erhielt er in Kanada. Bevor er nach St. Englmar kam, war er in so renommierten Häusern wie dem »Savoy Hotel« in Zürich, dem »Bayerischen Hof« oder dem »Königshof« in München tätig.
Er versteht es gekonnt, bayerische Spezialitäten sowie eine facettenreiche internationale Küche aufzutischen.

Das 4-Sterne-Kur- und Berghotel »*Maibrunn*«, hoch in den Bergen über St. Enlgmar, wurde durch das Besitzerehepaar Miedauer-Hamberger zu einem auserlesenen Schmuckstück im Bayerischen Wald. Viele Preise wurden diesem individuellen Hotel im Landhausstil zuteil, u.a. auch die Auszeichnung in Gold des Bayerischen Staatsministerium, als »umweltbewußter Hotel- und Gaststättenbetrieb«. Es verfügt über 52 Zimmer und Suiten. Eine moderne Bade- und Sauna-Landschaft, hauseigene Skilifte mit Flutlicht, Wanderwege und Hüttenzauber vor der Tür verwöhnen die Gäste.
ANSCHRIFT: Kur- und Berghotel »Maibrunn«, 94379 St. Englmar/Bayer. Wald, Tel. 0 99 65/85 00, Fax: 0 99 65/8 50-100

MENÜ À LA JOSEP PLA

Maurice de Boer ist zwar Direktor der Spielbank Gastronomie Aachen, jedoch mit Leib und Seele Koch. Trotz der großen Belastung läßt er es sich nicht nehmen, abends das Sakko mit der Kochjacke zu tauschen.
Daß »seine Visitenkarte«, das Restaurant »Gala«, eines der besten Restaurants in Aachen ist, hört der gebürtige Niederländer zwar gerne, würde es aber nie selbst behaupten.
Seit 1993 ist er der verantwortliche Chef. Seine kreative Kochkunst wurde 1997 mit einem Stern belohnt. Seine Assistenten sind Roger Achterath und Jörg Wössner.

Die Designer des *Restaurants* »Gala« ließen sich von Dalís Frau Gala inspirieren und schufen einen faszinierenden Gourmet-Tempel, der in Deutschland einmalig ist. Original-Lithographien und ein Relief von Dali schmücken die Wände.
Jedoch sind nicht allein Ausstattung und Kunstwerke galawürdig, auch Küche und Keller lassen kaum einen Wunsch unerfüllt. Der Weinkeller beeindruckt mit über 700 Positionen.
Im »Gala« fand am 23. April 1999 die Europa-Premiere des »Happenings à la Salvador Dalí« statt.
ANSCHRIFT: Spielbank Gastronomie Aachen – Restaurant »Gala«,
Monheimsallee 44, 52062 Aachen,
Tel.: 02 41/15 30 13, Fax: 02 41/15 85 78

KÖCHE UND HOTELS STELLEN SICH VOR

MENÜ À LA PAQUITA LLORENS

Klaus Rech ist der Chefkoch des spanischen Restaurants »El Andaluz« im Europa-Park. Der Küchenmeister versteht es, spanische Spezialitäten zu servieren, die in ihrem Ursprungsland nicht besser dargeboten werden können. Seine Paella und seine Tortilla sind zu berühmten Leckerbissen geworden. Auch katalanische Küche kocht er mit Begeisterung nach, von der sich die Gäste beim »Happening à la Salvador Dalí« verwöhnen lassen.

Wo ist in Deutschland Spanien am schönsten? Natürlich im spanischen Themenpark des Europa-Parks im südbadischen Rust. Um diese Anlage zu genießen, sollte man mindestens drei Tage einplanen und im parkeigenen *Hotel »El Andaluz«* wohnen. Das spanische Ambiente dieses Hauses ist verblüffend, an den Wänden hängen bekannte Dalí-Bilder, die alle »Fälschungen« von Conrad Kujau sind. Im spanischen Restaurant, das unter der Leitung von Armin Christian Rosenkranz steht, wird der Erlebnisgastronomie ein besonderer Platz eingeräumt. Regelmäßig finden hier die »Happenings à la Salvador Dalí« statt. Die Eigentümer des Europa-Parks, die Familie Mack, schufen mit ihrem Lebenswerk vorbildliche Freizeitkultur.
ANSCHRIFT: Hotel »El Andaluz« im Europa-Park, Europa-Park-Str. 2, 77977 Rust, Tel.: 0 78 22/86 00, Fax: 0 78 22/8 65 46

MENÜ À LA CARLOS LOZANO

Frank Nagel ist seit 1998 Küchenchef des neuen Arkona Hotel »Remarque« in Osnabrück. Der gebürtige Wolfenbüttler war nach Beendigung seiner Kochausbildung in verschiedenen Häusern der Steigenberger-Gruppe, absolvierte Stationen im »Hilton« in Rom, im »Tristan« in Palma und verschiedenen Robinson Clubs im Ausland. Ein Höhepunkt seiner Karriere war das Restaurant »Funk« in Nürnberg, wo er zusammen mit H. P. Fischer einen Michelin-Stern erkochte. Der Sprung des Restaurants »Vila Real« im Hotel »Remarque« in den Gault Millau (14 Punkte) im Eröffnungsjahr ist ein weiteres Plus im Leben des Chef de cuisine.

Zentral in der Innenstadt von Osnabrück liegt das neue *Arkona Hotel »Remarque«*. Gäste mit Anspruch schätzen das 4-Sterne-Hotel als eine der besten Adressen der Stadt. Neben den 156 komfortabel und modern gestalteten Zimmern und Suiten sowie den zehn Veranstaltungsräumen bietet das Hotel ein vielfältiges gastronomisches Angebot. Im Restaurant »Vila Real« werden vorwiegend mediterrane Speisen serviert, in der »Brasserie Angers« steht Kulinarisches aus der Region auf der Karte.
ANSCHRIFT: Hotel »Remarque«, Natruper-Tor-Wall 1, 49076 Osnabrück
Tel.: 05 41/6 09 60, Fax: 05 41/6 09 66 00

KÖCHE UND HOTELS STELLEN SICH VOR

MENÜ À LA CADAQUÉS

Michael Lacher ist der Küchenchef. Nach erfolgreich bestandener Ausbildung im »Porten-Hotel-Kurhaus« in Höchenschwand war er in renommierten Häusern wie z.B. im »Hotel Erbprinz« in Ettlingen, im »Colombi Hotel« in Freiburg und im »Wald- und Schloßhotel« in Friedrichsruhe. Michael Lacher, der schon in jungen Jahren einige Auszeichnungen erhielt, wurde 1996 zum »Zweiten Aufsteiger des Jahres« gewählt. Mit Erfolg verteidigt er, unterstützt von der jungen Küchenbrigade, seinen Michelin-Stern.

Mitten im Herzen Ludwigsburgs findet man das *Restaurant »Alte Sonne«*, welches zu den ältesten Gasthöfen (seit 1724) zählt. Hier lenkt seit 1994 die Familie Torsten Lacher die Geschicke und demonstriert, daß auch eine »alte Sonne« in schönstem Glanz strahlen kann.
Vorbild-Gastronomie in puncto Komfort, Service, Weinkultur und Küche. In einem harmonischen Interieur komponiert Sternekoch Michael Lacher ideenreiche, elegante Cuisine und hält damit die Gäste bis zum Dessert in Atem.
ANSCHRIFT: Restaurant »Alte Sonne«, Bei der katholischen Kirche 3,
71634 Ludwigsburg,
Tel.: 0 71 41/92 52 31, Fax 0 71 41/90 26 35

MENÜ À LA OFICINA

Der Küchenchef *Hans-Günter Tullius* ging nach seiner Lehrzeit für 10 Jahre auf »Wanderschaft« im deutsch-belgischen Grenzgebiet, in Südfrankreich, Istrien, Italien, Schweiz sowie in Spanien. Durch die große Vielfalt der frischen Kräuter, der Fisch-, Lamm- und Geflügelvariationen sowie der Vermählung von Speisen und Wein, entdeckte er seine große Liebe zur mediterranen Küche. Seit 1997 ist er Ausbilder und Küchenleiter im »Spanischen Hof«.

Lassen Sie sich nach Spanien entführen, ohne dafür weit reisen zu müssen. Tauchen Sie ein in die Welt des Flamencos, der Fiestas, der Sonne und mehr. Der honiggelbe Farbton des *»Spanischen Hofes«* im sächsischen Elbland, die glänzenden Kuppeln der Türme und die im spanischen Stil gehaltenen Holzbalustraden lassen schon von weitem die Einzigartigkeit des Hauses erahnen. Hier erlebt man Eßkultur in drei Restaurants.
In der rustikalen »Bodega« gibt es deftige Variationen der deutsch-spanischen Küche und in der »Orangerie« sowie im »El Dorado« klassische Menüs und erlesene spanische Nationalgerichte.
ANSCHRIFT: Hotel »Spanischer Hof«, Hauptstr. 15, 01609 Gröditz,
Tel.: 03 52 63/4 40, Fax: 03 52 63/4 44 44

DIE WICHTIGSTEN LEBENSDATEN

1904   Salvador Felipe Jacinto Dalí y Domenech erblickt am 11. Mai in Figueres das Licht der Welt.

1908   Geburt seiner Schwester Ana Maria.

1918   Im Stadttheater von Figueres werden einige seiner Bilder ausgestellt.

1921   Seine Mutter stirbt. Dalí nimmt in Madrid sein Studium an der Kunstakademie von San Fernando auf. Er lernt Garcià Lorca und Luis Buñuel kennen.

1924   Dalí wird wegen Aufwiegelung der Studenten nach Protesten gegen die Ernennung eines Professors für den Zeitraum von einem Jahr von der Akademie verwiesen. Vierwöchige Gefängnishaft in Gerona.

1925   Erste Einzelausstellung in der Galería Dalmau, Barcelona.

1926   Dalí wird endgültig aus der Kunstakademie in Madrid ausgeschlossen.

1927   Dalí entwirft das Bühnenbild und die Kostüme zur Uraufführung von García Lorcas *Mariana Pineda* in Barcelona. Er tritt in Figueres den Wehrdienst als »Luxussoldat« an.

1928   Das Bild *Honig ist süßer als Blut* entsteht. Auf der 27. Internationalen Malereiausstellung des Carnegie Institute of Pittsburgh wird *Der Brotkorb* ausgestellt.

1929   Paul Eluard und seine Frau Gala halten sich in Cadaqués auf. Gala bleibt bei Dalí.

1930   Dalí schreibt und illustriert *La Femme Visible*. Das Buch enthält Erläuterungen über die paranoisch-kritische Methode. Er kauft die Fischerhütte von Lydia in Portlligat.

1931   Erste surrealistische Ausstellung in Amerika im Wadsworth Atheneum, Hartford.

1932   Dalí stellt in der New Yorker Galerie Julien Levy sein Bild *Die Beständigkeit der Erinnerung* aus.

1933   Erste Einzelausstellung in New York.

1934   Im November reist Dalí mit Gala zum ersten Mal nach Amerika. Erste Einzelausstellung in London in der Galerie Zwemmer.

DIE WICHTIGSTEN LEBENSDATEN

1935   Vortrag im New Yorker Museum of Modern Art über »Surrealistische Malerei und paranoische Gesichter«.

1936   Das »Time Magazine« widmet Dalí das Titelblatt.

1937   Er flieht vor dem Spanischen Bürgerkrieg nach Italien.

1938   Besuch bei Freud in London.

1939   Für die New Yorker Weltausstellung entwirft Dalí *Traum der Venus*.

1940   Er flüchtet nach Amerika.

1941   Erste Dalí-Retrospektive im New Yorker Museum of Modern Art.

1942   Unter dem Titel *Das geheime Leben des Salvador Dalí* wird seine Autobiographie veröffentlicht.

1944   Dalí veröffentlicht seinen ersten Roman *Verborgene Gesichter*.

1945   Der Abwurf der Atombombe initiiert Dalí zu einem neuen Stil in seiner Malerei. Er bringt die erste Nummer der *Dalí News, Monarch of the Dalíes* heraus.

1946   Dalí entwirft das Titelblatt der Weihnachtsnummer von »Vogue«.

1948   Dalí und Gala kehren nach Portlligat zurück. Dalí wird Katholik.

1949   Papst Pius XII. empfängt Dalí zu einer Privataudienz.

1951   In Paris erscheint Dalís *Manifeste mystique* (Mystisches Manifest).

1952   In einer Vortragsreise durch amerikanische Städte erklärt Dalí seine »nukleare Mystik«.

1954   Dalí-Retrospektiven finden in Rom, Venedig und Mailand statt.

1955   Vortrag an der Sorbonne über »Phänomenologische Aspekte der paranoisch-kritischen Methode«.

1958   Am 8. August lassen sich Dalí und Gala kirchlich trauen.

1959   Papst Johannes XXIII. empfängt Dalí im Vatikan.

DIE WICHTIGSTEN LEBENSDATEN

1961 *Le Ballet de Gala* nach einer Idee von Dalí, der auch das Bühnenbild und die Kostüme entwirft, wird in Venedig aufgeführt. Maurice Béjart übernimmt die Choreographie.

1964 Dalí wird das Großkreuz Königin Isabellas von Spanien verliehen. Dalí veröffentlicht sein *Tagebuch eines Genies*.

1965 In der Gallery of Modern Art in New York findet eine umfangreiche Retrospektive seiner Werke statt.

1967 Dalí wird von der Académie de la Fourrure zum Ehrendoktor ernannt.

1968 Dalís *Meine Leidenschaften* erscheint.

1969 Beginn der Renovierungsarbeiten im Schloß Púbol.

1970 Ausstellung in der Knoedler Galerie in New York.

1971 Gala zieht in das Schloß Púbol. Eröffnung des Dalí-Museums Reynolds Morse in Cleveland. Letzter Bauabschnitt im Hause Portlligat.

1974 *Fünfzig magische Geheimnisse* erscheint. Der Verlag Robert Laffont veröffentlicht *So wird man Dalí*. Einweihung des Teatre-Museu in Figueres.

1978 Dalí wird Mitglied der Académie des Beaux Arts. Die Stadt Figueres überreicht ihm die Goldmedaille.

1979 Eröffnung der großen Dalí-Retrospektive im Centre Pompidou in Paris.

1980 Dalí stellt sein Bild *Das fröhliche Pferd* vor.

1981 König Juan Carlos besucht Dalí in Portlligat.

1982 Gala stirbt. Am 20. September unterschreibt Dalí sein Testament.

1983 Bei Moore entdeckt Dalí angebliche Fälschungen seiner Gemälde. Sein (wahrscheinlich) letztes Bild *Milanschwanz und Gitarre* wird vollendet.

1984 In Dalís Schlafzimmer auf Schloß Púbol bricht ein Feuer aus, bei dem er schwere Verbrennungen erleidet.

1989 Dalí stirbt am 23. Januar. Große Dalí-Retrospektive in der Stuttgarter Staatsgalerie.

DEUTSCHES REZEPTVERZEICHNIS

SPANISCHES REZEPTVERZEICHNIS

Soweit nicht anders angegeben, sind alle Rezepte für 4 Personen berechnet.

Die Kochrezepte wurden aus dem Spanischen und Katalanischen übersetzt
von Gabriele Haberbosch, Freiburg.
Die Schreibweise der spanischen Orte und Namen entspricht
der neuen katalanischen Rechtschreibung.

Der Abdruck sämtlicher Dalí-Kunstwerke erfolgt mit freundlicher Genehmigung
von Descharnes & Descharnes sarl, Paris
Der Abdruck des Dalí-Selbstbildnisses erfolgt mit freundlicher Genehmigung
von Schirmer/Mosel, München

Wir danken »Savoir vivre, Journal für Genießer« für die freundliche Zusammenarbeit.

Quellenangaben:
[1] Salvador Dalí, »Das geheime Leben des Salvador Dalí«, Schirmer/Mosel, 1984
[2] Aus »L'Amic de les Arts«, Salvador Dalí, 1927
[3] Meryle Secrest, »Salvador Dalí«, Heyne Biographien, München, 1989
[4] »So wird man Dalí«, André Parinaud, Molden, Wien-München-Zürich, 1974
Weitere verwendete Literatur:
Salvador Dalí, »Die Diner mit Gala«, Propyläen Verlag, Berlin, 1974

© 1999 by Mary Hahn Verlag
in der F. A. Herbig Verlagsbuchhandlung GmbH, München
Alle Rechte der Vervielfältigung und Verbreitung, einschließlich Film, Funk, Fernsehen
sowie der Fotokopie und des auszugsweisen Nachdrucks vorbehalten
Lektorat: Isabelle Fuchs
Umschlaggestaltung: Wolfgang Heinzel unter Verwendung des Gemäldes
»Lebendes Stilleben« (1956), Dalí Museum St. Petersburg/Florida
Alle Fotos von Faber & Partner Fotografie – Armin Faber/Thomas Pothmann, Düsseldorf, außer:
Seite 12 unten, Seite 13 oben, Seite 14 oben: Privatarchiv Duran; Seite 13 unten: Annette Greve;
Seite 60 unten: Privatarchiv Subirós; Seite 61 oben, Seite 62 rechts, Seite 116 rechts,
Seite 128 rechts: Georg A. Weth; Seite 138 unten: Privatarchiv Vergés
Art Director: Wolfgang Heinzel
Satz und Herstellung: Angelika Tröger
Reproduktionen: Electronic Publishing Service, München
Druck und Binden: Graficas Estella, Spanien
Printed in Spain
ISBN 3-87287-468-3